Bank- und finanzwirtschaftliche Abhandlungen
Herausgegeben von Prof. Dr. W. Prion, Berlin
Sechzehntes Heft

Die Kursbildung am Aktienmarkt seit der Stabilisierung

Von

Dr. rer. pol. **Ernst Horwitz**
Diplomvolkswirt

Mit 3 Textabbildungen

Berlin
Verlag von Julius Springer
1929

ISBN-13: 978-3-642-89119-9 e-ISBN-13: 978-3-642-90975-7
DOI: 10.1007/978-3-642-90975-7

Vorwort.

In meiner, im Seminar von Herrn Prof. Dr. Wagemann angefertigten Diplomarbeit „Die Preisbildung am Aktien-Kassa-Markt der Börse in ihrer Entwicklung seit Kriegsbeginn", bei der ich durch dessen Assistenten Herrn Dr. J. Feilen liebenswürdigerweise unterstützt worden bin, hatte ich mir die Aufgabe gesetzt, im Anschluß an das Buch von Prion: „Die Preisbildung an der Wertpapierbörse insbesondere auf dem Industrieaktienmarkt der Berliner Börse", Leipzig 1910, die Entwicklung der Börsenpreisbildung von Kriegsbeginn bis zum Jahre 1927 zu zeigen.

Auf Anregung von Herrn Prof. Dr. Prion habe ich dann — unter Benutzung der durch die Diplomarbeit gewonnenen Kenntnisse — den Versuch unternommen, die Wandlungen in den einzelnen Faktoren, die für die Preisbildung an der Börse maßgebend sind, bis auf den heutigen Tag darzustellen. Es kam mir hierbei weniger darauf an, eine historische Entwicklung zu geben, als vielmehr die Wandlungen zu kennzeichnen, wie sie sich heute darbieten. Meine Arbeit ist daher als eine Ergänzung zu dem Buche von Prion anzusehen; soweit sich in den dort dargelegten grundsätzlichen Ausführungen nichts geändert hat, bin ich nicht weiter darauf eingegangen [1]. Wie dort beschränken sich meine Darlegungen auf die Kursbildung am Aktienmarkt an der Berliner Börse.

Berlin-München, im August 1929.

Ernst Horwitz.

---

[1] Anmerkung des Herausgebers: Gleichzeitig mit dieser Arbeit von Horwitz erscheint im Verlage von Duncker & Humblot, München die zweite Auflage meines Buches: Die Preisbildung auf dem Aktienmarkt der Berliner Börse, bei der ich die Ergebnisse der vorliegenden Arbeit berücksichtigt habe.

Inhaltsverzeichnis.

Zweiter Teil

Die Kursbewegung ausgewählter Aktien

Einleitung.

Wesen und Aufbau der Wertpapierbörse.

I. Börse und Kurs.

In der Wertpapierbörse hat sich die kapitalistische Wirtschaft, sobald sie in ihrer Entwicklung eine gewisse Stufe erreicht hat und der Handel mit Kapitalien und die dadurch herbeigeführte Möglichkeit jederzeitigen Eigentumswechsels dafür bezeichnendes Merkmal geworden ist, für ihre Verkehrsbeziehungen ein so wesentliches Hilfsorgan geschaffen, daß es gar nicht mehr entbehrt werden kann [1]. Denn sie erst ermöglicht den Handel in jenen nicht konkret und einzeln, sondern nur der Gattung nach bestimmten, also notwendigerweise vertretbaren Wertpapieren, welche Träger von Eigentums- oder Forderungsrechten sind; sie erst ermöglicht, auf Grund des zusammengefaßten Angebots und der zusammengefaßten Nachfrage eines Wirtschaftsgebietes in regelmäßiger Folge die Preise dieser Effekten festzustellen. Nachdem ferner die Vertragsparteien nach Typisierung der Wertpapiere ebenfalls durch Festlegung der Form der Lieferungs- und Zahlungsbedingungen der Notwendigkeit einer jedesmaligen, persönlichen Übereinkunft der sonstigen Vertragsbestimmungen enthoben sind, bietet die Börse dadurch die Möglichkeit, sich ausschließlich mit dem Zustandekommen des Börsenpreises, des Kurses, zu befassen. Die Tatsache verdient hierbei besondere Beachtung, daß der Börsenkurs gleichzeitig Richtpreis für die Abrechnung der, wie später zu zeigen ist, überaus zahlreichen Geschäfte in börsenfähigen Wertpapieren wird, die ohne Benutzung der Börseneinrichtungen abgeschlossen sind [2].

Für die Verkehrsfähigkeit der Effekten ist es von Wichtigkeit, daß die Börse und mit ihr die Kursbildung gut und fehlerfrei vor sich geht [3], denn nur so kann der Käufer eines Papiers die an Sicherheit grenzende Gewißheit haben, es jederzeit wieder veräußern und angelegte Kapitalien wieder freimachen zu können, ohne deshalb mit einem ernstlichen Risiko rechnen zu müssen, falls er sie anderweitig verwenden will. Dazu trägt zunächst die Größe des Marktes an sich bei, außerdem aber die besondere Gestaltung der Börse als eines „Marktes besonderer Art, an dem Angebot und Nachfrage sich nicht nur treffen, wie es an jedem anderen Markte der Fall ist, sondern sich nötigenfalls auch gegenseitig

---

[1] Vgl. Lansburgh: S. 7. [2] Flersheim: S. 1. [3] Lansburgh: S. 8/9.

erzeugen“ [1]. Gelangen also die Effektenkauf- und -verkaufsaufträge von außen, und zwar stoßweise, an die Börse, so werden sie in der überwiegenden Mehrzahl der Fälle auch dann zur Ausführung gebracht, wenn keine entsprechenden Gegenaufträge erteilt sind. Diese Ausgleichsfähigkeit stammt von einer anderen Seite, von einer Händlerschaft an der Börse selbst, die — latent — stets zum Abschluß bereit ist. Sie tätigt beim Vorliegen einer gewissen Einseitigkeit in Angebot oder Nachfrage die Gegengeschäfte, also grundsätzlich in einer der allgemeinen Stimmung entgegengesetzten Richtung [2]. Hierbei erscheint übrigens der Hinweis angebracht, daß nicht volkswirtschaftliche Gesichtspunkte, sondern — selbstverständlich — ihr privatwirtschaftliches Erwerbsstreben ihr Handeln bestimmt. Eine übertreibende Einseitigkeit in der Geschäftslage wird durch den Hinzutritt dieser Berufsgruppe, der Spekulanten, durch den Hinzutritt dieses „kompensatorischen Moments“ gedämpft. Sie wird nicht völlig beseitigt, und Lansburghs Behauptung [3], eben dadurch werde der Wertpapiermarkt erst zur Börse, ist einzuschränken; dies zeigt jeweils in einseitigen Hausse- bzw. in Baissezeiten die Repartierung, also die nur beschränkte Befriedigung der Nachfrage oder des Angebots.

II. Die verschiedenen Marktgebiete der Wertpapierbörse.

An der Börse, deren Wesen eben in den hauptsächlichen Merkmalen dargestellt ist, strömen die Ersparnisse des ganzen Wirtschaftsgebietes nebst den in Handel und Gewerbe frei verfügbaren Geldern zusammen, um für dauernd oder auch nur für vorübergehende Zeit Anlage zu suchen. So ist es verständlich, daß die Emittenten der großen Anleihen der öffentlichen Körperschaften und der Anleihen und Aktien zur Finanzierung der privaten Unternehmungen sich auch an die Börse wenden, um dort bei deren Auflage Unterstützung zu finden. Dadurch bleibt auch die Börse der ständige Markt für diese Papiere [4].

Es kann keinem Zweifel unterliegen, daß angesichts der gesamten wirtschaftlichen und gesellschaftlichen Zusammenhänge verschiedene Faktoren je nach der Natur der Effekten ihren Einfluß auf die Kursbildung ausüben. Man kann zunächst die Wertpapiere in die beiden großen Gruppen der festverzinslichen Anlagewerte und der Dividendenwerte aufteilen. Eine weitere Trennung jeder dieser Gruppen kann dann in vertikaler Richtung unter Berücksichtigung der Umsatzgröße und der Handelsbedingungen vorgenommen werden [5]: dabei ergeben sich die Märkte des Kassageschäfts und des Termingeschäfts, wobei der erste nach der Art der Kursfeststellung in den Markt der Papiere mit Einheits-

---

[1] Lansburgh: S. 7. [2] Ebenda: S. 10. [3] Ebenda. [4] Saling: I, S. 357.
[5] Vierteljahrshefte zur Konjunkturforschung 1926, H. 1 S. 37.

kurs und in den Markt der Papiere mit fortlaufenden, „variablen" Notierungen zerfällt.

Die Bezahlung und Lieferung der gehandelten Wertpapiere erfolgt beim Kassahandel an der Börse Zug um Zug sofort nach Geschäftsabschluß, zumindest jedoch innerhalb weniger, durch die Börsenusancen bestimmter Tage, da die Werte, über die an der Börse Geschäfte abgeschlossen werden, an Ort und Stelle nicht vorhanden sind und nicht selten erst von außerhalb gesandt werden müssen. Diese Tage dürfen aber weder den Käufer noch den Verkäufer instand setzen, unter anderen Bedingungen das Geschäft zu erfüllen, als es vordem der Fall gewesen wäre, damit nicht aus dem Kassageschäft ein kurzfristiges Termingeschäft wird. Anders der Börsenterminhandel selbst, bei dem verabredungsgemäß die Erfüllung erst zu einem späteren Zeitpunkt erfolgt und die Parteien gegenseitig die Verpflichtungen stunden, bei dem also der Kredit unterscheidendes Merkmal wird und bei dem gerade eine Veränderung der Dinge, sei es in allgemein-wirtschaftlicher, sei es in börsentechnischer Beziehung, erwartet wird und der Anlaß zum Geschäftsabschluß ist.

Vorweg ist zur amtlichen Feststellung der Börsenkurse zu bemerken, daß die eben getrennten drei Gebiete des Wertpapiermarktes einander überschneiden, da auch für die fortlaufend und für die auf Zeit gehandelten Papiere ein Einheits-Kassakurs notiert wird.

Voraussetzung, daß eine solche amtliche Kursfeststellung zustande kommt, daß also abgeschlossene Geschäfte überhaupt an den Einrichtungen der Börse teilnehmen und bei der Kursfestsetzung berücksichtigt werden, ist die Zulassung der betreffenden Wertpapiere zum amtlichen Börsenhandel. Daneben geht stets ein nicht-amtlicher (freier) Börsenverkehr, in dem Werte umgesetzt werden, die nicht zum amtlichen Handel zugelassen sind, oder in Geschäftsformen, die für das betreffende Papier amtlich nicht genehmigt sind.

Wenn nun sämtliche drei Teilgebiete des Aktienmarktes, der Einheitskassamarkt, der Schwankungsmarkt und der Terminmarkt den nachstehenden Untersuchungen über die Kursbildung an der Börse unter Beschränkung auf den amtlichen Verkehr zugrunde gelegt werden, vermag die soeben gegebene horizontale und vertikale Aufteilung der Wertpapierbörse deren Eingliederung in das Ganze und ihr gegenseitiges Verhältnis zu zeigen. Soweit von diesem allerdings Einflüsse auf die Kursbildung im besonderen ausgehen, wird noch später (1. Teil, B.) davon zu sprechen sein.

Hier ist jedoch schon auf einen Umstand hinzuweisen, auf die naheliegende Gefahr, aus Einzelheiten voreilig Schlüsse mit allgemeiner Geltung zu ziehen; denn das Tatsachenmaterial, das zur Verfügung steht, umfaßt nur wenig mehr als fünf Jahre, bezüglich des Börsenterminhandels sogar nur die Hälfte dieser Spanne. Soll das Ziel dieser Untersuchungen, aus der Entwicklung der Kursbewegung der an der Berliner Börse gehandelten Aktien die Wandlungen der einzelnen Bestandteile der Kursbildung festzustellen, erreicht werden und sollen die aufgestellten Sätze einen gewissen Grad von Unanfechtbarkeit aufweisen, so wird es sich nicht vermeiden lassen, daß Tatsachen, denen man vielleicht in nicht ferner Zeit erheblichen Wert beimessen wird, vorläufig noch als nicht den anderen gleichwertige Faktoren außer Betracht bleiben müssen. Alles ist stets im Fluß. Man braucht nur die Faktoren, die in der Inhaltsübersicht von Prions kurz vor dem Kriege erschienenem Werk „Die Preisbildung an der Wertpapierbörse insbesondere auf dem Industrieaktienmarkt der Berliner Börse“ aufgeführt sind, und diejenigen in der Übersicht zu dieser Arbeit, die sich ihr zeitlich nach der Festigung der wirtschaftlichen Verhältnisse (Ende 1923) anschließt, zu vergleichen, um die Entwicklung der Zwischenzeit deutlich vor Augen zu sehen. Fragengruppen konnten zusammengezogen werden, andere Einzelfragen mußten in mehrere aufgeteilt und neue in den Kreis der Betrachtungen einbezogen werden.

Daß sich die Darstellung hierbei auf die Verhältnisse an der Berliner Börse beschränkt, bedarf wohl in Anbetracht der überragenden Bedeutung der Berliner Börse für die gesamte deutsche Wirtschaft keiner besonderen Begründung.

Erster Teil.

Systematische Darstellung der Kursbildung.

Diese Untersuchungen befassen sich, wie oben gesagt, mit den einzelnen Umständen, deren jeweiliges Zusammenwirken die Preise der Börsenwerte gestaltet, kürzer gesagt, mit den einzelnen kursbildenden Faktoren. Wir wollen auch hier die überaus mannigfachen Faktoren, die bei einer Zerlegung der Kursbildung herausgeschält werden können, mit Prion[1] in drei Gruppen aufgliedern, die das Gerüst für die folgenden Ausführungen geben und als Unterlage für eine systematische und zugleich begriffsbestimmende Darstellung der einzelnen Bestandteile dienen sollen.

Es handelt sich um

1. die persönlichen Faktoren der Kursbildung, also die Personen an der Börse, die mit den besonderen Beweggründen ihres Handelns auf die Kursbildung einwirken,

2. die börsentechnischen Faktoren der Kursbildung, also diejenigen, die sich aus der jeweiligen Gestaltung der inneren Börsenzustände ergeben und als Preisbestimmungsgründe zu werten sind, und endlich

3. die wirtschaftlichen Faktoren der Kursbildung, d. h. die Faktoren, die am Geld- und Kapitalmarkt wirken, und diejenigen, die letzten Endes den inneren Wert der Effekten, wie er in der Kursbildung seinen sichtbaren Ausdruck findet, bestimmen.

A. Die persönlichen Faktoren der Kursbildung.

Die Personen, die an der Kursbildung an der Börse beteiligt sind, stellen keine einheitliche Masse dar. Hinsichtlich des Interesses, das sie an den Werten des Börsenhandels nehmen und das teilweise gänzlich entgegengesetzt ist, lassen sie sich wiederum in drei Gruppen sondern.

Auf der einen Seite stehen die Banken und Bankiers, die die Wertpapiere begeben und sich das Ziel stecken müssen, für diese einen möglichst großen, gut funktionierenden Markt zu haben.

Ihnen gegenüber sind diejenigen, bei denen diese Wertpapiere untergebracht werden sollen und die sie als dauernde Kapitalanlage erwerben wollen, die Kapitalisten.

[1] Prion: Preisbildung S. 1.

Als Mittler tritt zwischen diese beiden Gruppen die Spekulation (nach dem Börsengebrauch bezeichnet dieser Ausdruck der Tätigkeit die Gruppe derer, die sie ausüben: die Spekulanten). Sie will, ohne mit dem Erwerb von Papieren einen dauernden Besitz zu beabsichtigen, aus dem Unterschied zwischen Ankaufs- und Verkaufskurs Nutzen ziehen und die Kapitalisten, wenn diese noch nicht genügende verfügbare Mittel zu Anlagezwecken oder noch nicht volles Vertrauen zu einem emittierten Papier haben, solange ersetzen, bis die Stücke später fest „klassiert" werden und in diese festen Hände übergehen können.

I. Die Banken und Bankiers.

Bevor die unmittelbare Einflußnahme auf die Kursbildung durch die Banken und Bankiers und die einzelnen Punkte ihres Handelns dargestellt werden, erscheint es angebracht, auf Richtungen der Entwicklung im Bankgewerbe hinzuweisen, die gerade an der Berliner Börse, der diese Betrachtungen vornehmlich gelten, in besonderem Maße für die Preisbildung erheblich geworden sind.

1. Allgemeine Entwicklungslinien im Bankgewerbe.

a) Die Ausdehnung der Großbanken. Von besonderer Bedeutung ist die Ausdehnung der Großbanken geworden.

Sechs, nach der Aufsaugung der Mitteldeutschen Creditbank durch die Commerz- und Privat-Bank fünf, Berliner Kreditbanken haben sich aus der Zahl der Aktienbanken hervorgehoben und in den letzten anderthalb Jahrzehnten geradezu beispiellos erweitert. Sie haben dabei wohl alle Möglichkeiten der Stärkung ihrer Stellung erschöpft. Die Hauptbetriebe sind vergrößert worden, wovon die weiten — jetzt allerdings vielfach leerstehenden — Paläste im Berliner Bankenviertel erzählen. Ein großer Kreis von mehr oder minder abhängigen Provinzbanken ist um die Großbanken gruppiert, sodaß ihre Geschäfte diesen auch, nicht nur in dem Erträgnis der Firmen, zugute kommen. Ein Netz von Zweigniederlassungen und Filialen, Depositenkassen und Wechselstuben ist geschaffen worden, das über ganz Deutschland verbreitet Berlin und den Berliner Geld- und Kapitalmarkt zum Mittelpunkt hat.

Folgende Angaben zeigen die räumliche Verteilung, d. h. Depositenkassen sind nicht mit aufgeführt, soweit sie sich am Sitze der Hauptniederlassung oder am Sitze anderweitiger Zweigniederlassungen befinden[1].

---

[1] Entnommen den Geschäftsberichten; soweit daraus nicht ersichtlich, ergänzt (durch „*" kenntlich gemacht) aus Fendler: a. a. O., S. 78/79.

Niederlassungen der deutschen Großbanken.

Bank	1913	1914	1922	1923	1924	1925	1926	1927	1928
	Jahresende								
Commerz- und Disconto-Bank, später Commerz- und Privat-Bank . . .	8*	9*	308*	246*	247	233	229	242	269
Darmstädter Bank, später Darmstädter und Nationalbank	60	61	206	181	138	118	114	111	110
Deutsche Bank	15*	53*	151	146	193	186	176	182	181
Disconto-Gesellschaft einschl. Norddeutscher Bank und A. Schaaffhausen'schem Bankverein . . .	17*	57*	141	134	131	115	130	127	123
Dresdner Bank	50*	50*	112	104	95	90	87	85	84
Mitteldeutsche Creditbank	19	22	37	29	28	26	23	23	**

** mit der Commerz- und Privat-Bank verschmolzen.

Dieses Filialnetz zeigt nur zu einem Teil die Gründungstätigkeit der Großbanken, zum anderen enthält es in starkem Maße angegliederte, früher selbständige Unternehmen, sowohl Aktienbanken als auch Privatbankgeschäfte, die nunmehr auch der Berliner Zentrale nachgeordnet sind. — Was die Gruppenbildung anbetrifft, kann unter allem Vorbehalt, der bei der statistischen Auswertung der in der Konzerndenkschrift des Reichstags gegebenen Zahlen erforderlich ist, festgestellt werden, daß 73,8% des Nennwerts des Kapitals aller im Bankgewerbe tätigen Aktiengesellschaften in den Konzernen der Berliner Großbanken und einiger kleinerer anderer Gruppen — insgesamt 13 — zusammengefaßt sind [1].

In der Entwicklung des Filialnetzes ist rein zahlenmäßig fast durchweg bis Ende 1922 der Höhepunkt erreicht. Nach der Stabilisierung der deutschen Währung zeigen die Zahlen der Niederlassungen für das Jahresende 1923 den ersten Abbau, als sich besonders in den letzten Wochen 1923 die Bankleitungen entschließen mußten, unlohnend gewordene Zweigstellen aufzulösen, ein Vorgang, der in den kommenden Jahren anhielt. Nur selten wurde durch neue Verschmelzungen die Bewegung umgekehrt; die Möglichkeiten dafür scheinen größtenteils erschöpft zu sein.

Schon vor dem Kriege hat v. Schanz [2] darauf hingewiesen, welchen Einfluß diese Entwicklung, die er in diesem Ausmaß damals wohl kaum vorhersehen konnte, auf die Preisbestimmung an der Börse hat. „Es

[1] Einzelschr. z. Stat. d. Dt. Reichs Nr. 1, S. 11 ff., 198 ff.

[2] Art. „Börsenwesen“ im Wörterb. d. Volkswirtschaft. 3. Aufl. S. 568.

ist offenkundig," so sagt er, „daß die Bedeutung der Fondsbörsen auf dem Kontinent abnimmt. Die wachsende Konzentration im Bankwesen ist ihr abträglich. Bei den großen Banken strömen so viele Kauf- und Verkaufsanträge zusammen, daß sie dieselben in weitem Maße kompensieren können; es kommen nur die nicht kompensierbaren Beträge an die Börse, das Marktmaterial wird geringer. Schließlich kann, wenn die Kapitalkonzentration im Bankgewerbe so weit gediehen ist, daß es nur noch wenige Banken mit einer großen Zahl von Filialen und Depositenkassen gibt, Angebot und Nachfrage durch Telephon zwischen den wenigen Großbanken reguliert werden."

In der Tat führt diese Entwicklung bei den großen Banken zu einer Zersplitterung der Märkte: jede einzelne Großbankgruppe bildet einen Markt für sich, eine Nebenbörse [1]. Damit schrumpfen die Umsätze an der Wertpapierbörse zusammen, der tatsächliche Wert der an der Börse zustande gekommenen Kurse vermindert sich. Denn die Großbanken können ohne besondere Schwierigkeiten durch die Ausgleichsmöglichkeit die Kurse beeinflussen, unterstützt durch ihre eigenen Bestände, die sie je nach der Lage des Falls nach privatwirtschaftlichen Rücksichten zum Spitzenausgleich heranziehen bzw. vergrößern oder nicht. Diese Bankpolitik hat beispielsweise besonderes Gewicht für die Festsetzung der amtlichen Kurse, wenn ein einseitiges Angebot oder eine einseitige Nachfrage vorliegt. Es braucht dann bloß ein kleiner Betrag zu sein, den die Großbanken von den Aufträgen ihrer Kundschaft an die Börse geben oder vermittelst der eigenen Bestände nicht geben, und der Prozentsatz bei einer möglicherweise erforderlich werdenden beschränkten Zuteilung kann entscheidend beeinflußt werden.

Daß die Ausübung des Selbsteintrittsrechts, die das Handelsgesetzbuch der Großbank als dem Kommissionär gestattet, in Form einer Spesenersparnis auch seine Vorteile vor dem Privatbankier hat, der die Kauf- und Verkaufsaufträge seiner Kundschaft weniger ausgleichen kann und sie an die Börse geben muß, führt zu einer weiteren Stärkung der großen Aktienbanken, die hier aber nicht weiter verfolgt zu werden braucht.

b) Die Zentralstellung der Berliner Börse. Hand in Hand mit den oben geschilderten Einwirkungen der Bankenausdehnung, aber — wenigstens teilweise — in entgegengesetzter Richtung zum Schrumpfen der Wertpapierumsätze, die an der Börse getätigt werden, geht eine weitere Erscheinung: die Großbanken fassen in zunehmendem Maße die Aufträge zum Ankauf und zum Verkauf von Wertpapieren, die sich aus ihren zahlreichen Filialen, Depositenkassen und aus den befreundeten Firmen bei ihnen treffen, in Berlin zusammen. Soweit wie irgend möglich, wird

---

[1] Schmidt: a. a. O. S. 381.

das provinzielle Geschäft von den provinziellen Bank- und Börsenplätzen abgezogen [1] und, vielleicht auch nur zur vollen Ausnutzung der Einrichtungen der Berliner Zentrale, hier abgewickelt. Anlaß zu dieser Einschränkung gibt der bemerkenswerte Umstand, daß in Zeiten einer Überbeanspruchung der zentralen Organisation das Gegenteil beobachtet werden kann. Es bleibt jedenfalls Tatsache, daß die Provinzbörsen zugunsten der Berliner Hauptniederlassung vernachlässigt werden, die in den Inflationsjahren so stark ausgebaut worden ist und trotz allen Abbaus in den Deflationsjahren noch immer ein besonderes, den Grad der gewöhnlichen Inanspruchnahme überragendes Fassungsvermögen aufweist. Die zentrale Stellung der hiesigen Börse festigt sich auf diese Weise, und mehr Material gelangt zu ihr, wobei der vergrößerte Markt sich im Sinne einer verbesserten Kursbildung auswirken kann.

c) Die Rückbildung der Inflationsgründungen. Zu Beginn der beobachteten Zeitspanne, am Ende der entsetzlichen Haussen der Inflationsjahre, in denen besonders im Bankgewerbe die ungesunde Ausweitung einen Höhepunkt erreicht hatte, schätzte man die Zahl der Bankbetriebe auf das Sechs- bis Achtfache von 1913 [2], eine Zahl, die unter normalen Verhältnissen weit über das Bedürfnis der Wirtschaft und deshalb auch über die Möglichkeit dauernder gewinnbringender Betätigung hinausging.

Der Anlaß zu dieser Gründerperiode, es muß hier etwas ausgeholt werden, lag in den Zuständen der ersten Kriegszeit. Obwohl nämlich Ende Juli 1914 die amtliche Kursfestsetzung an der Börse eingestellt wurde, hatten sich die beteiligten Kreise bald wieder in den Börsenräumen eingefunden und inoffizielle Geschäfte miteinander abgeschlossen. Als sich aber die der Stempelvereinigung angehörenden großen Banken davon fernhielten, ging eine beträchtliche Zahl der Großbankkunden zu privaten Bankfirmen über, um durch deren Vermittlung ihre Geschäfte zu erledigen. Auch fernerhin, als die Stempelvereinigung im Mai 1915 ihre Zurückhaltung aufgab, und als in den Inflationsjahren die Arbeitsüberlastung der Großbanken derartig war, daß sie die Aufträge der Kundschaft nur unpünktlich ausführten und kleinere sogar überhaupt ablehnten, blieben weite Schichten des Publikums bei den Privatbankiers. Ein dankbares Betätigungsfeld bot sich infolgedessen bei der begründeten Hoffnung auf eine gute Rentabilität älteren erfahrenen Bankangestellten und Börsianern, teils aber auch völlig berufsfremden Elementen, wenn sie sich selbständig machten. Es ist verständlich, daß der größte Teil der Kriegs- und Inflationsgründungen von Privatbankfirmen gestellt wurde.

---

[1] Magazin der Wirtschaft 1927, S. 589.
[2] FZ 1. 1. 1925. Abbau und Aufbau im Bankgewerbe.

Diese neuen Firmen sind als Berufshändler, die das große Publikum beraten, zu den Börsengeschäften heranziehen und an der Börse vertreten, insofern ein für die Kursbildung bedeutender Faktor geworden, weil sie bei geringerer Möglichkeit, in sich auszugleichen, als die Großbanken, zu deren Kundschaft ihre Auftraggeber ursprünglich gezählt hatten, mehr Aufträge an die Börse geben mußten. Die Grundlage für die Preisbestimmung wurde somit breiter.

Mit einem Schlage ändert sich das Bild durch die Markstabilisierung. Es erübrigt sich, hier die ungewöhnliche Lage eingehender darzustellen, in der das Bankgewerbe in die Stabilisierungszeit tritt: besonders bei diesen neuen Firmen fehlen sowohl der Aufgabenkreis als auch der Kundenkreis. Ein großer Teil der Kundschaft [1] geht an die Großbanken zurück, die auch wieder Interesse für das kleine Publikum zeigen, und der Zuwachs an Bankunternehmungen steht in seiner Entbehrlichkeit und Überflüssigkeit da.

Vergleicht man zahlenmäßig die in „Salings Börsen-Papieren" [2] in den Jahren 1924 bis 1927 aufgeführten Berliner Banken und Bankiers (unter Fortlassung der Depositenkassen), so ergibt sich folgende Zusammenstellung, die zwar kennzeichnend ist, aber infolge der beträchtlichen Zahl der Firmen ohne Angabe des Gründungsjahrs wahrscheinlich noch nicht einmal den vollen Umfang der Firmen erkennen läßt, die bei der Bereinigung auf der Strecke geblieben sind. Der Begriff Banken und Bankfirmen ist bei Saling nicht in dem Sinne abgegrenzt, wie er für die Weiterleitung von bankmäßigen Geschäften und besonders von Wertpapieraufträgen an die Börse in Betracht kommt; aber dies fällt nicht so schwer ins Gewicht, da stets die gleichen Grundsätze der Begriffsbestimmung vorliegen und die Zahlen untereinander vergleichsfähig bleiben.

Verhältniszahlen.

	1924	1927	also Verminderung
Berliner Banken und Bankiers . . .	100	80	20%
Dabei Genauigkeitskoeffizient	77,9%	86,0%	—
Erfaßbare Inflationsgründungen . . .	100	69	mindestens 31%

Allein etwa die Hälfte der in den Jahren 1924 bis 1927 erloschenen mehr als 200 Banken und Bankfirmen (von ausgangs mehr als 1000 insgesamt) ist in den Jahren 1919 bis 1923 gegründet und zu der oben geschilderten Gruppe zu zählen. Mit ihrem Ausscheiden in der Bereinigungskrise bei der Festigung der wirtschaftlichen Verhältnisse ist

[1] Vgl. Tabelle S. 27. [2] IV. Teil a. a. O.

die ganze hier behandelte Zeit hindurch ein allmähliches Zurückweichen ihrer kursbeeinflussenden Stellung und eine beginnende Rückbildung zu den Vorkriegszuständen festzustellen.

In diesem Zusammenhang mögen einige Zahlen über den Besuch der Berliner Börse folgen.

Die Anzahl der selbständigen Börsenbesucher hat sich gegenüber den Höchstzahlen der Inflationszeit bis Ende 1927 kaum verändert; erst im Jahre 1928 ist ein größerer Rückgang zu verzeichnen. Trotzdem weist sie noch heute gegenüber der Vorkriegszeit eine Vermehrung um etwa ein Viertel auf. Im Gegensatz hierzu haben die Firmen die Zahl ihrer an die Börse gehenden Angestellten besonders in den Jahren 1925 und 1928 stark verringert, und doch sind es noch immer etwa die Hälfte mehr als 1913[1].

Eine erhöhte Beteiligung interessierter Kreise an den Geschehnissen an der Börse wird also schon erklärlich, wenn man allein die zahlenmäßige Entwicklung betrachtet. Dazu kommt, daß eine große Anzahl von Maklern neu zugelassen worden ist; ihre Vermehrung wird auf etwa 300 gegenüber der Zeit vor dem Kriege geschätzt[2].

Berliner Börsenbesucher.

Zeit	Anzahl der selbständigen Börsenbesucher	Anzahl der angestellten Börsenbesucher
1913	ca. 1900	ca. 1500
Ende 1922	ca. 2400	ca. 3700
Ende 1923	2561	3762
15. 2. 1924	2466	3585
15. 1. 1925	2565	3855
12. 1. 1926	2520	2495
1. 1. 1927	2554	2477
1. 1. 1928	2541	2420
1. 1. 1929	2366	2245

2. Unmittelbare Beeinflussung der Kursbildung.

a) bei der Feststellung der Aktienkurse: aa) bei der Einführung von Aktien. Wir kommen nunmehr zu der Betätigung der an dem Börsenplatz ansässigen Banken und Bankiers an der Börse und den einzelnen Merkmalen ihres Handelns, aus denen eine Beeinflussung der Kursbildung zu folgern ist; soweit im Grunde keine Veränderungen in dem Wesen der betreffenden Faktoren seit der Stabilisierung zu verzeichen sind, können wir uns kurz fassen bzw. auf den Hinweis auf Prions Artikel „Börsenwesen" im Handwörterbuch der Staatswissenschaften[3] beschränken, in dem die Ergebnisse des damaligen Standes der Untersuchungen zusammengefaßt sind.

Emissionen, sei es von Aktien neuer Gesellschaften, sei es von jungen Aktien schon bestehender Unternehmungen, werden voraus-

[1] Bis 1923 FZ 1. 1. 1924; 1924 bis 1926 Schneider: a. a. O. S. 33; 1927 bis 1929 laut Mitteilung des Börsenbüros der Industrie- und Handelskammer zu Berlin.

[2] BT 2. 6. 1927.

[3] 4. Auflage, 2. Band, S. 1035 bis 1094, insbesondere S. 1070 ff.

gesetzt, daß sie aus vertrauenswürdiger Quelle stammen und beispielsweise von den Großbanken vorgenommen werden, nach wie vor unter Rücksichtnahme auf einen dauernden Kundenkreis und den eigenen Emissionskredit untergebracht, sodaß nicht immer der höchste zu erzielende Kurs erstrebt wird[1]. Die Papiere werden, wie es sich schon früher bemerkbar gemacht hat, in zunehmenden Maße allerdings ohne Benutzung des Weges über die Börse begeben, aber tatsächlich baut sich auch dieser scheinbar von der Börse losgelöste Verkehr auf ihrem Vorhandensein auf. Ohne die Gewißheit der Börsengängigkeit würden zweifellos viele Käufe unterbleiben[2]. Das Wichtigste für die Emissionshäuser ist, gleichgültig ob Zeichnung oder ausschließlich Börseneinführung vorgesehen ist, die entsprechende Vorbereitung des Marktes zwecks Aufnahmefähigkeit für die Wertpapiere, auch schon deshalb damit in Zukunft die Möglichkeit besteht, gewährte Kredite durch Aktien- oder Schuldverschreibungsausgabe abzulösen.

Das auffallendste Beispiel einer Börseneinführung der letzten Jahre, die der 800 Millionen RM Aktien der Vereinigte Stahlwerke A.-G., bei der die Emissionsbanken etwa 30 bis 40 Millionen RM zur Verfügung gestellt und Kaufaufträge über ungefähr 4 Milliarden RM vorgelegen haben[3], bei der also der Andrang, besonders der Kleinkulisse geradezu grotesken Umfang angenommen hat, beleuchtet die Sachlage, zeigt aber auch, wo eine Kritik einsetzen muß.

bb) beim Handel mit Aktien. Sind die Effekten erst einmal in den Börsenverkehr eingeführt, so haben die Emittenten Anlaß, die Kursgestaltung der von ihnen ausgegebenen Wertpapiere zu überwachen und einigermaßen ausgleichend einzugreifen. Falls sie im Rahmen ihrer freien Mittel und der allgemeinen Lage am Geldmarkt dazu imstande sind, regulieren sie gegebenenfalls den Markt durch Käufe und Verkäufe, eine Geschäftspraxis, die von Prion ausführlich dargelegt[4] und gegenüber der Vorkriegszeit im wesentlichen unverändert geblieben ist. Fast jedes Kassapapier hat so seinen Schutzpatron, der dadurch, daß er selbst noch während des Kursmachens Kauf- oder Verkaufsaufträge gibt, den Kurs beeinflußt. Die Bankwelt wird besonders gegen Baisseströmungen eingreifen, da sie schon aus Rücksicht auf ihre Stellung als Emittentin stets zuversichtlich gestimmt ist[5]. Der Wertpapierhandel an der Börse ist dadurch, daß jede Großbank die Kursregulierung nur an den ihr nahestehenden Papieren vornimmt, gewissermaßen unter die einzelnen Großbanken aufgeteilt. Allein die großen Terminpapiere bilden eine Ausnahme. Sie gehen über das Interessengebiet einer einzigen Groß-

[1] Vgl. auch Prion: Preisbildung S. 40—52. [2] Lansburgh: S. 9.
[3] BBZ 24. 8. 1926. [4] Prion: Preisbildung S. 52—60.
[5] Schulze-Gaevernitz: S. 100.

bankgruppe hinaus, ihr Markt ist durch die gesteigerte Beteiligung der Spekulation und die infolgedessen gesteigerten Umsätze breiter, sodaß sich ihre Kursbildung deshalb etwas freier vollziehen kann[1]. Klagen über eine Unstetigkeit des Kursniveaus werden bei solchen Papieren seltener laut, nie bei Haussen, gewiß aber, wenn die Kurse sinken. Dann vermißt man häufig eine das Regulieren gewöhnte Hand, die Zufälligkeiten in der Preisbildung ausgleicht und sogar den vorherrschenden Grundton der allgemeinen Stimmung zu verwischen vermag[2].

Ein gemeinschaftliches Eingreifen der Großbanken an der Börse in Form der sogenannten Stützungskäufe ist ferner hervorzuheben. Es findet in der Regel dann statt, wenn das Angebot in Börsenwerten übermäßig drängend ist und die Banken in den kursdrückenden Triebkräften keine dauernden, den Wert der Aktien mindernden Ursachen sehen, wenn aber durch die Marktlage stets von neuem das Börsenwort „la baisse amène la baisse" bewahrheitet wird. Die Banken können natürlich kaum mit derartigen Beträgen stützen und Aktienposten aus dem Markt nehmen, daß die Finanzkraft der Kulisse gestärkt und auch das Publikum ermuntert wird, neue Aktien zu erwerben oder doch zum mindesten an altem Besitz festzuhalten[3]. Aber für den Augenblick wird die Gefahr einer Börsenpanik beseitigt; rein psychologisch genügt die einfache Stützungsbereitschaft, um einen Erfolg verbuchen zu können: weiteren Leerabgaben, weiteren Angstverkäufen und Realisierungen wird Einhalt geboten. Stets ist es für die Lage an der Börse ein Gewinn, wenn die Kraft einer einseitigen Baissespekulation geschwächt wird.

b) durch Bereitstellen von Spekulationskrediten. Ferner wirken die Banken und Bankiers auf die Kursbildung ein, indem sie dem Markt oder dem Publikum oder beiden Mittel zur Spekulation bereitstellen. Genaue Zahlenangaben lassen sich über diesen Einfluß nicht machen, da neben den in den Bankbilanzen ausgewiesenen Reports und Lombards gegen börsengängige Wertpapiere noch ein Teil unter den gedeckten, vielleicht auch den ungedeckten Debitoren verbucht sein mag. Dazu müssen noch die von den Privatbankhäusern zur Verfügung gestellten Mittel gerechnet werden. Alle diese einzelnen Quellen zusammen wurden zum Ende 1926 in den Verhandlungen des V. Unterausschusses der Enquêtekommission auf 2 Milliarden RM geschätzt[4].

Es ist zu bekannt, welche Macht die Kreditgeber dadurch auf die Preisbildung an der Börse ausüben und welche dem großen Publikum

---

[1] Schulze-Gaevernitz: S. 100.

[2] Vgl. FZ 19. 1. 1928. Vom Farben-Aktienmarkte. [3] FZ 14. 6. 1924.

[4] Verhandlungen des Unterausschusses für Geld-, Kredit- und Finanzwesen: Die Reichsbank, Berlin 1929, S. 207.

nachteilige Maßnahmen sie mit Leichtigkeit in Gipfelpunkten der Börsenbewegung ergreifen können, als daß das System der Verquickung der Spekulationen mit Kredit, wie es üblich ist, eingehender geschildert zu werden braucht.

Um so eher können hier einige Worte über die Börsenkreditpolitik der Banken im Verlauf der einzelnen Abschnitte der konjunkturellen Entwicklung der Wirtschaft Platz finden.

Indem die Großbanken, in deren Händen sich die Reportkapitalien zusammenballen, immer mehr eine bewußte Reportpolitik treiben[1], leiten sie in dem Zustand des Niedergangs der Wirtschaft in zunehmendem Maße flüssige Mittel an die Börse und kurbeln den Effektenmarkt dadurch wieder an. Durchaus flüssige Verhältnisse am Geldmarkt sind ja stets ein deutliches Zeichen für die Phase des Tiefstands der Wirtschaft, und ein Steigen der Effektenkurse wird in der Regel von dieser Geldflüssigkeit getragen. Die freien Mittel suchen an der Wertpapierbörse Anlage, da die unmittelbare Kreditgewährung an Handel und Gewerbe nach den krisenhaften Erschütterungen in der vergangenen Zeit die große ihr innewohnende Gefahr offenbart hat und das Vertrauen erst allmählich wiederkehren muß, andererseits bei einer Anlage in Wertpapieren ein schärferer Überblick möglich erscheint. Unterstützt durch Neuschöpfung von Giralgeld führt diese Tatsache zu einer bereitwilligen Anlage von Geldern in Reports und Lombards gegen börsengängige Wertpapiere und zugleich zu einer Finanzierung von Effektengeschäften. Diese beleben infolge ihres Kursantriebs den Markt und machen ihn zur Aufnahme neuer Aktienemissionen reif. Eine durch großzügige Kreditgewährung tragfähig gewordene Terminspekulation erleichtert nämlich wesentlich die Bankmaßnahmen[2], denn sie gestattet es leicht, planmäßig Aktien aufzukaufen, ohne die Aufmerksamkeit der Öffentlichkeit vorzeitig auf die Käufe zu lenken, und nimmt ebenso leicht Aktienpakete auf, die unauffällig den Besitzer wechseln sollen, wenn z. B. Konsortialbestände aufgelöst oder Aktienposten, die bei Stützungskäufen in der Krisenzeit aufgenommen sind, im Hinblick auf die Bilanzgestaltung abgestoßen werden sollen. Das ist aber nur möglich, wenn anziehende Kurse das Publikum reizen, Aktien zu erwerben. Reiht sich Kredit an Kredit, selbst bei steigenden Kosten, steigt von Monat zu Monat die Summe der Reports und Lombards, so wird das Börsengeschäft lebhafter, und dem Erwerb von Aktien der führenden Unternehmungen folgt allmählich der Kauf auch von Kassapapieren. Es entsteht das bezeichnende Bild der in die Breite gehenden Börsenkonjunktur. Doch Handel und Gewerbe stellen mit Fortschreiten des Aufschwungs zur Steigerung der Erzeugung und der

---

[1] Schulze-Gaevernitz: S. 100. [2] Die Bank 1926 S. 424.

Umsätze am Warenmarkt steigende Kreditansprüche; ihre Befriedigung erheischt eine Verringerung der Reports und Lombards. Allenfalls können diese — wie im Frühjahr 1927 — durch die Heranziehung ausländischer kurzfristiger Gelder ergänzt werden. Solange die Zinsspanne zwischen Inland und Ausland so groß ist, daß ihre Ausnutzung sich lohnt, strömen nämlich solche Gelder durch Vermittlung der deutschen Banken und Bankiers zum großen Teil in der Form des a-metà-Geschäfts in beträchtlichem Ausmaße in das deutsche Börsengeschäft. Die Gefahren, die sie jedoch für die Devisenbilanz bringen können, dürfen nicht vergessen werden. Eine solche Lage ist für das Börsengeschäft nicht gerade ermutigend, und die befürchteten Reportschwierigkeiten führen zu wachsender Nervosität bei der Kulisse. Werden nun in der Tat die gewährten Kredite eingeschränkt, oder erfolgt auch nur die geringste Ankündigung einer Kreditverringerung, so werden panikartige Verkäufe hervorgerufen. Das ganze Kursgebäude stürzt ein, ein Beweis dafür, daß eine Hausse, die nicht auf dem festen Boden des Anlagekapitals aufgebaut ist, früher oder später in sich zusammenbrechen muß. Da weite Kreise zum Verkauf gezwungen sind, geht auch die normalerweise Anlage suchende zweite Hand nur schwer neue Engagements ein, die das schwimmende Material aufnehmen könnten, bis die Banken wieder selbst zu den gesunkenen Kursen kaufen und zugleich dadurch das Kursniveau stützen. Die Wertpapiere gehen also zu einem sicherlich beträchtlichen Teil von dem Kundschaftskonto in den eigenen Besitz der Banken und Bankiers über und nur zu einem Teil aus den kapitalschwachen, spekulativen Händen in kräftigere, in Dauerbesitz. Der Bedarf an Börsenleihgeldern schrumpft mit der Stockung des Börsengeschäfts und der Verkleinerung des laufenden Engagements immer mehr zusammen. Die Kreditansprüche vermindern sich auf der anderen Seite ebenfalls bei Rückgang der wirtschaftlichen Tätigkeit, sodaß die Lage am Geldmarkt wieder etwas freier und beweglicher wird. So können die Banken und Bankiers über bloße Stützungskäufe hinausgehen, indem sie die Kreditgewährung erleichtern und die Forderungen für Reportgelder herabsetzen.

Ein neuer Kreislauf der Konjunktur ist im Beginnen.

Eine nicht unwesentliche Rolle spielen hierbei in den Jahren seit der Stabilisierung die Gelder, die aus kreditpolitischen Gründen vom Warenmarkt ferngehalten werden[1]. Die hauptsächlichen Kreditgeber, die Banken, verlangen nämlich heute zur Bereitstellung des Kontokorrentkredits, der vor allem das Warengeschäft finanziert, in größerem Umfang als in der Vorkriegszeit besondere Sicherungen.

[1] Viertelj.-Hefte z. Konj.-Forschg. 1926, H. 3 S. 15.

Hierdurch erfolgt eine Einengung des Warengeschäfts, und infolgedessen, so wird daraus geschlossen, ist die Liquidität der Kreditbanken gesteigert.

Gleichermaßen steht es in der Macht der Banken, im Falle des Darniederliegens des Effektengeschäfts durch Verbilligung der für die Kredite geforderten Zinssätze eine Erhöhung der Nachfrage hervorzurufen und somit die Kurse wieder zu steigern, auch andererseits ein Warnungssignal vor Übertreibungen zu geben, indem sie die Zinssätze für die Reportgelder verteuern. Sie können aber auf diese Weise der Börse kreditpolitisch Zügel nur dann anlegen, wenn der Kapitalmarkt für solche Maßnahmen empfindlich ist. Ist dies nicht der Fall, und werfen die Aktien, die mit Hilfe der Reportgelder erworben werden, nur ein Erträgnis von etwa 3—5% ab, so kommt es der Spekulation nicht darauf an, ob sie das Leihgeld für 6 oder 8 oder 10% erhält[1] — Hauptsache, daß sie es erhält. Lassen sich die Kreditgeber — wir sprechen hier vor allem von den deutschen Großbanken — von allgemeinen wirtschaftlichen Erwägungen leiten, so muß eben in einem solchen Falle zu dem bedauerlichen, aber nicht zu umgehenden Weg der Kreditkürzungen geschritten werden, wenn eine Eindämmung der Spekulation im Interesse der gesamten Wirtschaft und der Liquide-Haltung der deutschen Kreditorganisation erforderlich wird. Mit dem besonders lehrreichen Beispiel des „schwarzen Freitags“ am 13. Mai 1927 kann der Einfluß der Banken auf die Kursbildung in diesem Sinne belegt werden. Damals wurde nach einer am Tage vorher abgehaltenen Sitzung der führenden Vertreter der Berliner Bankwelt von der Stempelvereinigung bekannt gegeben, daß die an der Börse ausgeliehenen Reportgelder zunächst einheitlich um 25% eingeschränkt werden und daß weitere Kürzungen noch beabsichtigt sind. Daraufhin folgte — ein Beweis für die vorherrschende Auffassung, daß die Aufwärtsbewegung der vorangegangenen Zeit vorwiegend von den Börsenkrediten getragen ist und nun ihre Stütze verloren hat — in plötzlichem Verkaufsandrang ein allgemeiner heftiger Kurseinbruch, der einzelnen Spitzenpapieren Verluste von mehr als 100% brachte.

Typisch für die Beziehungen zwischen Bankier und Kunden ist gerade in den Tagen nach dem „schwarzen Freitag“ die Beobachtung gewesen, daß das drängende Verkaufsangebot vor allem von dem Depositenkassenpublikum kommt, während die Aufträge der Kundschaft privater Bankfirmen geringer bleiben. Offenbar ist der Privatbankier nicht gewillt und nicht in der Lage, eine Krediteinschränkung ebenso streng durchzuführen wie der Leiter einer Großbank-Depositenkasse.

[1] Dt. Volkswirt. 20. 5. 1927. S. 1061.

c) durch Pressenachrichten. Noch ein paar Worte über einen weiteren Weg, den die Banken sich zur Einflußnahme auf die Kursgestaltung nutzbar gemacht haben. Neben der jeweiligen einzelnen Beratung (und Beeinflussung) der eigenen Kundschaft wenden sich eine Reihe der bedeutenden Banken und Bankhäuser mit „Wirtschaftlichen Mitteilungen", in denen Berichte von der Lage an der Börse an erster Stelle stehen, an die Öffentlichkeit. Vermöge der Stellung, die diese Banken im Wirtschaftsleben einnehmen, finden ihre Veröffentlichungen ziemlichen Widerhall. Prognosen, die sie der weiteren Entwicklung stellen, Warnungen, die sie hinsichtlich der Höhe des Kursniveaus aussprechen, Feststellungen, daß sie die Aktien für unterbewertet halten, und ähnliches pflegen in der Regel nicht ungehört zu verhallen. Zuweilen gelingt es den Banken auch, Nachrichten in die Presse zu bringen[1], von denen sie Vorteile für ihre eigene geschäftliche Betätigung erwarten; dies ist jedoch angesichts der allgemein anerkannten, kritischen Höhe der Handelspresse in Deutschland beträchtlich erschwert.

Die Presse kommt übrigens selbst in einer Hinsicht der durch die Banken in erster Linie gespeisten einseitigen Terminspekulation und dem verhältnismäßigen Zurückbleiben der Kassapapiere entgegen: die Börsenberichterstatter werden durch die sich während der ganzen Zeit der Börsenversammlung mit großem Stimmenaufwand vollziehende Bewegung der Terminpapiere abgelenkt. Sie übersehen nicht selten bei Kurssteigerungen solcher Wertpapiere, daß die übergroße Anzahl der Börsenwerte, die ausschließlich am Kassamarkt gehandelt werden, eine andere, möglicherweise sogar entgegengesetzte Kursbewegung aufweist[2]. So werden die Leser der Tagespresse weiter nach e i n e r Richtung gedrängt.

II. Die Kapitalisten.

1. Abgrenzung gegenüber anderen Gebieten des Geld- und Kapitalmarkts.

Betrachtet man das Kapitalistenpublikum, das sich am Aktienmarkt beteiligt, so sind nach zwei Richtungen Wechselwirkungen zu anderen Gebieten des Geld- und Kapitalmarkts festzustellen, erstens zum Markt der festverzinslichen Werte und zweitens, in der Übergangszeit nach der Stabilisierung, zum Geldmarkt (wobei hier von der Gestaltung der Geldmarktlage noch abzusehen ist[3]).

Schon die Tatsache, daß die Kapitalisten im Sinne der Begriffsbestimmung, die wir oben gaben, die Aktien als dauernde Kapitalanlage

---

[1] Lansburgh: S. 23. [2] Die Bank 1926 S. 424.
[3] Vgl. unten C unter II.

erwerben und infolgedessen an den Schwankungen der Kurse uninteressiert sind, zeigt eine Berührung mit dem Erwerb von festverzinslichen Werten, an denen in der Regel keine Kursgewinne zu erzielen sind. Nur das erhöhte Risiko, das in dem Ankauf von Teilhaberpapieren an Stelle von Forderungsrechten liegt, findet, jedenfalls früher, in einer erhöhten Verzinsung (im weitesten Sinne) einen Ausgleich. In der Inflationszeit hatten sich nun weite Kreise auch des kleinen Kapitalistenpublikums daran gewöhnt, sich am Aktienmarkt zu beteiligen. Die Ersparnisse, die man machte, blieben sich, in Goldmark gerechnet, eher gleich, wenn sie in Dividendenpapieren angelegt waren, da diese sich erfahrungsgemäß der Geldentwertung am schnellsten anpaßten, verloren aber ständig an Kaufkraft, wenn sie zum Kauf der festverzinslichen Werte verwendet wurden, die im Kurs nahezu beständig waren. Hier lag für den Aktienmarkt ein beträchtlicher Interessentenzuwachs, der allerdings nicht immer streng von kleiner Spekulation zu trennen ist.

Erst nach der Stabilisierung wurde man sich des geringen Goldwertes der erworbenen Aktien bewußt. So stand der Markt zu Beginn der hier beobachteten Zeitspanne lange unter den kursdrückenden Erscheinungen einer Rückbildung zu den früheren Verhältnissen. Andauernde Verkäufe zeigten den Rückzug dieser in der Inflation mehr gezwungen als freiwillig zum Aktienmarkt gelangten Kreise an. Der tiefere Widerhall beim Publikum, vor allem beim Kleinkapital, ließ nach, die Wandlung von der Aktie zum Typ der hoch-festverzinslichen Goldobligationen und Goldpfandbriefe begann. Eben dies machte die Lage am Aktienmarkt so lange noch wenig befriedigend.

Es ist ferner der Einflüsse auf die Aktienkursbildung zu gedenken, die davon ausgingen, daß der Aktienmarkt, obwohl Teil des Kapitalmarkts, des Marktes der langfristigen Gelder, die Wertaufbewahrungsfunktion des Geldes bzw. der Institute übernehmen mußte, denen kurzfristige Mittel sonst anvertraut zu werden pflegten. Beamte, die ihr Gehalt im voraus erhielten, Industrielle, die freie Mittel hatten und sie flüssig halten wollten, waren gezwungen, selbst größere Beträge auf dem Aktienmarkt lediglich zum Zwecke der Werterhaltung und zum Schutz vor der Entwertungsgefahr des baren Geldes anzulegen. Als dann jedoch an die Stelle des schwankenden Wertes der Papiermark die Rentenmark und später die Reichsmark trat, mußte notwendigerweise dieser Faktor im Börsengeschäft fortfallen. Im Gegenteil, die Käufe hören auf, und die zugespitzte Geldknappheit mit ihren hohen Zinsforderungen, die Restriktionspolitik der Reichsbank, die zur Inganghaltung des gewerblichen Schaffens durch ein Noteffektenangebot zur Geldbeschaffung schreiten läßt, und die großen, lange nicht gewohnten Steuerzahlungen führen zu einer stoßweisen Liquidierung dieser augenblicklich nicht betriebsnotwendigen Wertpapierbestände. Die Kurse sinken mehr und mehr. Das umlaufende Kapital in den Unternehmungen ist in der Inflationszeit zu sehr zugunsten des stehenden verkleinert worden, und die drückende Betriebsmittelknappheit kann neben einer gewaltsamen Veräußerung der Warenvorräte nur durch die Mobilisierung aller verfügbaren Rücklagen gelindert werden. Das Aktienangebot ist ziemlich über das ganze erste Jahr nach der Stabilisierung zu verfolgen. Die Erlöse greifen finanziell wegen ihrer Geringfügigkeit immer weniger durch, und auch die „schwersten" Werte unterliegen zuletzt als größte Rücklage dem Umschichtungsvorgang. Er findet mit der Erschöpfung der Bestände ein natürliches Ende, ist aber solange als wesentlicher Bestandteil der Kursbildung zu werten. Nunmehr erscheint der Aktienmarkt von seiner Aufgabe als Ersatz des Geldmarkts entkleidet.

2. Das Kapitalistenpublikum am Aktienmarkt.

a) Die inländischen Kapitalisten. aa) Interessenkäufe. Es empfiehlt sich mit Rücksicht auf den verschiedenen Zweck der dauernden Anlage, die Betrachtung zu trennen, je nachdem es sich bei dem Aktienerwerb um Interessenkäufe oder um private Käufe handelt.

Es ist erst eine Erscheinung der Nachkriegsjahre, daß zum Zwecke wirtschaftlicher Zusammenfassung verschiedener Unternehmungen, sei es zur Angliederung verarbeitender Industrie, sei es zur Erweiterung der Rohstoffgrundlage, sei es zur Eingliederung als Absatzorganisation, größere Aktienpakete, Sperrminderheiten, ja sogar Mehrheitsbeteiligungen an der Börse zusammengekauft werden. Wenn auch von den Industriellen die Aufträge an verschiedene Bankhäuser in kleinere Beträge auf einzelne Tage verteilt werden, so ist es doch unvermeidlich, daß solche planmäßigen Aufträge bemerkt werden. Die Zweckkäufe erhitzen die Stimmung, sie ziehen Mitläufer heran, diese geben den erwarteten Interessenkämpfen gleich eine beträchtliche Zahl von Punkten vor[1], kurz es entstehen die „Spezialitätenhaussen", die häufig eine wertvolle Stütze für die hoffnungsvollen Erwartungen sind, die das Publikum für die weitere Gestaltung der Börsenkurse hegt. Ist dann die gewünschte Beteiligung zusammengekauft, so fällt die Stütze des Marktes jäh weg. Die Kursbewegung stoppt und die Mitläufer, das Börsenwort sagt es, „den Letzten beißen die Hunde", sitzen auf den Papieren zu den hohen Einkaufskursen fest.

Solche Ausdehnungskäufe werden selbstverständlich zunächst ohne Rücksicht auf den Ertrag getätigt, den das betreffende Papier augenblicklich abwirft. Der Nutzen des Zusammenschlusses soll sich vielmehr erst

[1] Vgl. Deutsche Bank Wirtschaftl. Mittlg. 15. 2. 1927.

in der Zukunft in einem erhöhten Erträgnis zeitigen. Für die Mitläufer, die diese Zusammenhänge nicht übersehen können, ist also das Risiko, das jedem Aktienkauf an sich innewohnt, gesteigert, wenn sie nicht rechtzeitig den Kursgewinn mitzunehmen verstehen.

Erwähnenswert sind in diesem Zusammenhang die Gruppenkäufe, die z. B. der Auszahlung der Ruhrentschädigungen und dem Sonderkonjunkturjahr des englischen Kohlenstreiks gefolgt sind. Beinahe über den eigenen Willen hinweg wird die Industrie zur Anlage in Aktien gedrängt, was zugleich eine Interessennahme bedeutet. Auch mit Bilanzrücksichten werden solche Käufe begründet, um somit Abschreibungsgegenstände für die Sondergewinne zu erhalten [1]. Derartigen Käufen kommt schon deshalb eine erhöhte Bedeutung zu, als sie mit baren Mitteln bewirkt und auf lange Sicht getätigt werden.

Auch der — spekulative — Aufkauf von Aktienpaketen von seiten des Bankkapitals, um die Wirtschaft zum Zusammenschluß anzuspornen, gehört hierher. Es sei daran erinnert, wie die Darmstädter und Nationalbank ein größeres Paket von Aktien der Deutsch-Australischen Dampfschiffahrts-Gesellschaft und der Deutschen Dampfschifffahrtsgesellschaft Kosmos erworben und sie der Hamburg-Amerika-Linie zum Kauf angeboten hat. Daß darauf die Verschmelzung der Gesellschaften mit der Hapag binnen kurzem erfolgt ist, ist zweifelsohne wie auch in ähnlichen Fällen somit der Anregung der Banken als der ausschlaggebenden Aktionäre entsprungen [2].

Eine derartige Konzentration, wie sie der Effektenkapitalismus auf dem Wege der Dauerbeteiligung gestattet, ist noch in anderer Hinsicht für die Gestaltung der Kursbildung wichtig [3].

Da nämlich sehr große Aktienpakete in den Beteiligungs-Portefeuilles sind und mit ihrem Besitz die erwähnten Absichten für Erzeugung und Absatz verknüpft werden, ist das umlaufende Material von Aktien gerade bei den guten Gesellschaften nicht groß [4]. Schon geringe Nachfrage stärkt somit möglicherweise eine Aufwärtsbewegung der Kurse über das normale Maß hinaus, wenn die Verwaltungen keine Aktien abzugeben gewillt sind. Diese Tatsache vermindert aber auch die Schicht der Spekulanten, die sich für ein solches Papier interessieren und bei plötzlichen starken Verkaufsaufträgen selbst Gegengeschäfte darin abschließen. Ein Angebot ist dann auch nur selten mangels spekulativ Interessierter günstig unterzubringen, da Handel und Gewerbe entweder bereits die Aktienposten besitzen, die sie für ihre Zwecke benötigen, und sich infolgedessen nicht veranlaßt sehen,

---

[1] FZ 31. 12. 1926. [2] BBC. 23. 10. 1926.

[3] Diese Ausführungen, die schon börsentechnische Momente der Marktbildung erörtern und demzufolge erst in den Abschnitt B gehören, sind doch des Zusammenhangs wegen hierher gestellt. [4] VZ. 20. 5. 1927 und BT. 21. 5. 1927.

ihren Besitz zu vermehren, oder, wenn sie trotzdem Abnehmer sind, dies nur zu gedrückten Kursen tun.

bb) Private Käufe. Bei der Betrachtung des Einflusses von privaten Käufen auf die Kursbildung sind zwei Gruppen zu trennen. „Die erste Gattung", so schreibt Walther Rathenau [1], „vorwiegend die der größeren Vermögensverwaltungen, die nicht auf fortwährenden Besitzwechsel eingerichtet sind, beginnt damit, das Unternehmen hinsichtlich seiner sachlichen und persönlichen Verhältnisse eingehend zu prüfen, bevor sie sich beteiligt. Veröffentlichungen, Berichte, Auskünfte und eigene Erkundungen können ihr hierzu dienen. Hat sie sich auf Grund gewonnenen Vertrauens zum Gebiet, zum Werk und zu seinen verantwortlichen Trägern beteiligt, so wünscht sie ihren Besitz zu erhalten, freilich indem sie ihn dauernd beobachtet und überwacht". Die zweite Gattung ist derjenige große Teil der Effektenkäufer, der von Börsendingen so gut wie nichts versteht und auf den Rat der Banken und Bankiers angewiesen ist, die durch Hinweis auf bestimmte Aktien wieder ihrerseits die Kursbildung beeinflussen können [2].

Entsprechend dieser Einteilung sind in den letzten Jahren zwei Entwicklungslinien auseinanderzuhalten, deren Richtung, durch die Inflationsgeschehnisse gegeben, seit der Stabilisierung die gleiche geblieben ist.

Von der ersten Gruppe ist besonders die Rentnerschicht fast völlig infolge der Geldentwertung ausgefallen, die zweite Hand, bei der die neuen Aktien fest untergebracht werden und die sie erfahrungsgemäß noch übernimmt, wenn die berufsmäßige Spekulation gegen Ende einer Aufwärtsbewegung die eigenen Engagements bereits glattstellt. Sie erst hat durch ihre Anlagen in früheren Zeiten der Börse ihren Daseinszweck und ihre eigentliche Bedeutung gegeben und ihre wichtigste volkswirtschaftliche Aufgabe, der Ort zur Unterbringung neuer Wertpapiere zu sein, erfüllen lassen. Die Neubildung von Sparkapital vollzieht sich jetzt noch langsam, auch sind die Geldmarktverhältnisse noch zu ungewöhnlich und reizen sehr zu kurzfristiger rentabler Anlage [3], als daß der Ausfall dieser besten Schicht der Aktienkäufer wettgemacht wäre. Doch es ist interessant zu beobachten, wie das Kapitalistenpublikum beinahe gleichlaufend mit der Zunahme der Dividendenerklärungen sich dem Anlagekauf von Aktien stärker zuwendet, zumal da ihm aus den Dividendenausschüttungen Mittel zufließen, die auf dem Aktienmarkt Anlagezwecken dienstbar gemacht werden können.

Eine andere Schicht ist aber, der zweiten Gruppe zugehörig, an den Aktienmarkt getreten. Viele Kreise, die vor dem Kriege durch die

---

[1] a. a. O. S. 142/3. [2] Prion: H. d. St. W. S. 1073.

[3] Vgl. FZ. 1. 1. 1925.

Normalaktie von 1000 Goldmark vom Aktienmarkt ausgeschlossen waren, hatten während der Inflationsjahre, als der Lohn rascher stieg als der Aktienpreis und dadurch mit einem immer geringeren Teil des Verdienstes eine Aktie gekauft werden konnte, dort Eingang gefunden. Nachdem durch die Goldbilanz-Gesetzgebung das deutsche Aktienrecht Kleinaktien von 100, sogar von 20 Reichsmark zugelassen hatte, konnten sie weiterhin, wie sie sich inzwischen gewöhnt hatten, ihre Ersparnisse in Aktienform anlegen. Mit dieser Verbreiterung des Marktes als struktureller Veränderung in den persönlichen Kursbildungsfaktoren ist auch für die Zukunft zu rechnen.

Die unzulängliche Publizität wohl der meisten Aktiengesellschaften, eine rücksichtslose Beherrschung vieler Unternehmungen durch Verwaltungs-Mehrstimmrechts-Aktien und dauernde, teils auch ungerechtfertigte Benachteiligungen der Kleinaktionäre haben allerdings, wie es scheint, eine gewisse Abneigung gegen die Vermögensanlage in Aktien beim Kapitalistenpublikum herausgebildet; aber es mag sein, daß die kritische Tätigkeit der Presse Besserungen erreicht und eine Zersetzung des Marktes vermeidet.

b) Die Beteiligung ausländischer Kapitalisten. Der Beteiligung ausländischer Kapitalisten am deutschen Aktienmarkt müssen noch einige gesonderte Betrachtungen gewidmet werden. Selbstverständlich wurden bei der internationalen Verflechtung der Kapitalmärkte und den internationalen Wirtschaftsbeziehungen schon in Vorkriegszeiten wie auch jetzt noch Käufe von Ausländern an der Berliner Wertpapierbörse abgeschlossen, und sie wichen weder nach Beweggründen noch nach Einfluß auf die Preisgestaltung von entsprechenden einheimischen Geschäften ab. Doch nach der Stabilisierung lagen die Dinge in mancher Hinsicht anders.

Deutschland war, von eigenen Kapitalquellen entblößt, auf die Zufuhr ausländischen Kapitals angewiesen, die eben zu einem Teil durch Aktienübernahme erfolgte. Zu einem anderen Teil wollte aber der Geldgeber vorerst nicht auf seine Gläubigerstellung verzichten. So kam man durch die Form der Schuldverschreibungen entgegen und führte ein in der deutschen Wirtschaft ungewöhnliches Wertpapier ein: die „convertible bonds“. Sie sind an und für sich mit einer festen Verzinsung ausgestattet, bieten aber dem Inhaber die Möglichkeit, sie innerhalb eines bestimmten Zeitraumes in Aktien umzuwandeln, wenn das Unternehmen gedeiht und der Geldgeber an den Fortgang der Entwicklung glaubt. Wurden nun diese Wandelanleihen mit dem Bezugsrecht auf Aktien im Ausland aufgelegt, so hob sich allgemein das Auslandsinteresse für deutsche Dividendenwerte[1], da in der Tat die

[1] Viertelj.-H. z. Konj.-Forschg. 1926, H. 4, S. 16/17.

deutsche Wirtschaft im Verlauf des letzten Kreislaufs der Konjunktur auf eine Produktionshöhe wie nie zuvor gelangt ist[1].

Mit der zunehmenden internationalen wirtschaftlichen Verständigung ist somit auch die unmittelbare Fühlung zwischen den deutschen und den ausländischen Wertpapiermärkten vertieft; dieser Neuaufbau nach der Abschnürung des Aktienmarkts durch die Kriegs- und Nachkriegsjahre ist als eine grundlegende Veränderung gesondert zu erwähnen[2].

Noch ein weiterer Weg ist für die Beteiligung des Auslandskapitals gefunden: ausländische Bankkonsortien erwerben größere Aktienpakete deutscher Gesellschaften und legen sie, besonders in den Vereinigten Staaten, zur Zeichnung auf. Teilweise werden auch besondere Gesellschaften, Investment Trusts, gegründet. Diese vereinen für den ausländischen Erwerber deutscher Aktien, dem die Übersicht über die Güte des einzelnen Papiers erschwert ist, das Streben nach einer Gefahrverteilung und das Streben nach einer gleichmäßigeren Verzinsung dadurch, daß sie verschiedene Wertpapiergattungen (auch festverzinsliche) mischen und den durchschnittlichen Wert durch die Ausgabe eines neuen Papiers ersetzen. Die Investment-Trusts bieten für die deutsche Wirtschaft den Vorteil, daß sie den billigeren ausländischen Zinsfuß auch solchen deutschen Industriegesellschaften zukommen lassen, deren kleinerer Kapitalbedarf eine unmittelbare Ausgabe von Aktien oder Schuldverschreibungen am ausländischen Kapitalmarkt nicht gestattet. Sie festigen ferner die Börsenlage, wenn sie Aktienpakete, die für die Börse eine ständige Gefahr bedeuteten, zur dauernden Kapitalanlage übernehmen.

Außerdem haben Auslandskäufe der Berliner Börse das Gepräge gegeben, wenn die Unterbringung ausländischer Gelder in den ausländischen Verhältnissen begründet lag. Bezeichnend ist hierfür die Kapitalflucht aus den Inflationsländern der Frankenwährung im Jahre 1926. Doch auch sie und andere ähnlich geartete Fälle wirken nur vorübergehend am deutschen Markt, und mit der allmählichen Gesundung der Finanzen der europäischen Staaten scheinen solche Einflüsse langsam ausgeschaltet zu werden.

III. Die Spekulation.

Zuletzt sind in diesem Abschnitt über die Personen an der Effektenbörse die Spekulanten (die „Spekulation") als kursbildende Elemente zu behandeln. Sie sind schon oben dahingehend gekennzeichnet, daß

---

[1] Deutsche BankGeschäftsbericht 1927.

[2] Viertelj.-H. z. Konj.-Forschg. 1926, H. 3, S. 12/13.

sie spätere Kursbewegungen vorauszusehen und auszunützen suchen. Da sie aber ihre Geschäftsabsicht, an Preisunterschieden zu verdienen, nur dann verwirklichen können, wenn sie noch jemanden finden, der fernerhin und zwar zu höherem Kurs die Wertpapiere kauft oder zu niedrigerem verkauft, werden die berufsmäßigen unter ihnen notwendig zum Gegenspieler[1] des Publikums, „das gerade umgekehrt verfährt, nämlich bei steigender Preistendenz kauft (sonst würden die Preise ja nicht steigen), und bei sinkender Tendenz verkauft (sonst würden die Preise nicht sinken)". Der Spekulation kommt es also nicht auf das Erträgnis der Wertpapiere an, vielmehr nur darauf, daß sie billig einkauft und teuer verkauft[2]. Somit muß sie jede einzelne Möglichkeit, die ihr die Entwicklung der Kurse bietet, ausnützen. Es ist daher klar, daß ihre Stellung und ihr Einfluß auf die Kursbildung verschieden ist, einerseits ob sie sich als Börsenbesucher am Börsenhandel beteiligen bzw. selbst außerhalb der Börse stehend durch Vermittlung der Banken, vor allem in den Depositenkassen der Banken, sozusagen im Hauptberuf Wertpapiere kaufen und verkaufen[3], oder andererseits ob sie dies nur neben ihrem eigentlichen Berufe tun[4].

1. Die berufsmäßige Spekulation.

In der Gruppe der berufsmäßig spekulierenden Teilnehmer am Börsengeschäft, zu der außer den eigentlichen Börsenbesuchern, wie oben gesagt, auch zahlreiche Personen gehören, die die ganze Börsenzeit in den Wechselstuben der Banken verbringen und dort den Börsenverlauf zu verfolgen pflegen, hat auch in dem letzten Jahrfünft die Entwicklung angehalten, die Prion schon vor dem Kriege festgestellt hat. Die große, kapitalkräftige Berufsspekulation wird zugunsten der kleinen, zwar auch zahlreichen, aber weniger kapitalkräftigen Spekulation zurückgedrängt[5]. Diese überaus breite Kulisse, die als Überbleibsel aus der geschäftsüberspannten Zeit der Inflation hinsichtlich ihrer Kopfzahl jedes normale Verhältnis zum Börsenverkehr übersteigt[6], vermag in Zeiten eines stillen Börsengeschäfts ihre eigentliche wirtschaftliche Wirkung, die aus der allgemeinen Beteiligung am Börsenhandel entstandenen Kursschwankungen auszugleichen, nicht mehr zu erzielen. Denn fehlen die Aufträge des anlagesuchenden Publikums, so bricht die gewöhnliche Aufgabe des Börsenhändlers in sich zusammen, der die Wertpapiere bei ihrer Ausgabe übernimmt und sie bei den Kapitalisten abzusetzen sucht. Deshalb wirft sich die berufsmäßige Spekulation so oft bereitwillig auf jede noch so kleine Anregung, bleibt aber dann in

---

[1] Lansburgh: S. 12.
[2] Prion: H. d. St. W. S. 1073.
[3] Prion: H. d. St. W. S. 1073.
[4] Prion: H. d. St. W. S. 1074.
[5] Prion: Preisbildung S. 199.
[6] FZ. 13. 12. 1924.

ihren Geschäften auf den engen Kreis der Börse selbst beschränkt[1]. Sie ist zwar genügend wirtschaftlich geschult, um alles, was auf die Entschlüsse späterer Käufer oder Verkäufer von Einfluß sein kann, in Betracht zu ziehen, aber in einer solchen Lage liegt die Gefahr nahe, daß die Kulisse, nur um ein Ziel für die Spekulation zu haben, von den guten Papieren auch auf die schlechteren übergreift. Hat sie sich dann in diesen Papieren zu stark engagiert, müssen Rückschläge eintreten, unter denen auch die guten und aussichtsreichen Werte leiden[2], zumal da sie selten kapitalkräftig genug ist, um augenblickliche Rückschläge im spekulativen Hin und Her ohne sofortige Aufgabe ihrer Engagements zu überstehen.

Es darf nicht übersehen werden, daß die Bewertung aller sachlichen Preisbestimmungsgründe in Wirklichkeit nur von einer geringen Zahl der Berufsspekulanten geleistet wird. Die große Masse schließt sich ihnen an[3]. Der Einfluß der berufsmäßigen Spekulation ist infolge des Zurücktretens der großen wagemutigen Spekulation somit an Bedeutung gegenüber demjenigen der anderen persönlichen Faktoren gemindert. Wohl die nächsten Berührungspunkte bestehen zu Teilen des spekulierenden großen Publikums, das vielleicht auch teilweise für sie einen Ersatz in der Aufgabe und Wirkung für die Aktienkursbildung darstellt[4].

2. Die nicht berufsmäßige Spekulation.

Die nicht berufsmäßige Spekulation umfaßt die außerhalb der Börse stehenden Personen, die nur neben ihrem eigentlichen Berufe Wertpapiere ankaufen und verkaufen, um dadurch, vielfach auch im Zusammenhang mit ihrer Kapitalanlage, außer dem laufenden Erträgnis noch Spekulationsgewinne einzustreichen[5]. Drei Gruppen hat Prion bei ihnen unterschieden[6], um ihre verschiedenen Beziehungen zur Börse und ihre Einflüsse auf die Kursbildung darzutun. Diese Einteilung wird hier beibehalten, um für die Veränderungen, die die seit der Stabilisierung eingetretene Entwicklung mit sich gebracht hat, eine Vergleichsgrundlage zu haben:

a) die Vorstands- und Aufsichtsrats-Mitglieder der Aktiengesellschaften, deren Aktien an der Börse gehandelt werden, sowie die ihnen nahestehenden Personen,

b) die Bankleiter und Bankangestellten,

c) das große Publikum.

a) Die Industriellen. Die Industriellen haben im Rahmen der Kursbildung an der Börse vermöge ihrer Kenntnis der Lage der Gesellschaften in finanzieller und allgemein-wirtschaftlicher Hinsicht schon seit jeher

---

[1] FZ. 1. 1. 1925. [2] Magazin der Wirtschaft 1926, S. 166.
[3] Prion: H. d. St. W. S. 1073/1074. [4] Näheres unter 2 c.
[5] Prion: H. d. St. W. S. 1074. [6] Preisbildung S. 24; H. d. St. W. S. 1074.

eine richtunggebende Stellung inne. Doch nie zuvor hat es so viel Möglichkeiten gegeben, als zuerst die Jahre der Goldumstellungen den eingeweihten Verwaltungskreisen günstige Gelegenheit zu Geschäften am Aktienmarkt geboten haben. Dann folgten die Umgruppierungen von größerer Bedeutung, die die Beziehungen zwischen den industriellen Aktiengesellschaften und den Aufbau der gewerblichen Organisation grundlegend geändert haben und die zu einem beträchtlichen Teil über die Börse gegangen sind. Sie haben auch noch nie früher einen derartigen Umfang angenommen, wie es gerade in den letzten Jahren geschehen ist. Es ist klar, daß die Leiter der Unternehmungen hierdurch erhöhten Spielraum für private Spekulationen, die auf diesen Vorgängen beruhen, erlangt haben. Diese „Eingeweihten“ können um so erheblicher der Kursbildung am Aktienmarkt oder doch jedenfalls an dem betreffenden Spezialmarkt das Gepräge geben.

b) Die Bankangestellten. Umgekehrt läßt sich hinsichtlich der Spekulation der Angestellten in Banken und Bankfirmen rein zahlenmäßig ein Rückgang feststellen, eine notwendige Rückbildung der vorangegangenen ungesunden Ausweitung in den Inflationsjahren. Die Entlassungen vieler Zehntausende von Bankbeamten nach der Stabilisierung — ein äußeres Zeichen für den Abbau des aufgeblähten Betriebes — und die Gehaltsverminderungen bei den übrigen zwangen zu einem mehr haushälterischen Umgehen mit den vorhandenen Mitteln und zu einer Vermeidung des Spekulationsrisikos.

Die Zahlen der Bankangestellten sind von drei der Großbanken in den Geschäftsberichten zusammenhängend für die Zeit seit 1923 veröffentlicht. Sie kennzeichnen ohne Zweifel den allgemeinen Personalabbau, wobei sogar noch zu bedenken ist, daß die Deutsche Bank und die Direction der Disconto-Gesellschaft in der Zwischenzeit noch namhafte Banken mit den ihrigen verschmolzen haben.

Zahl der Bankangestellten.

Jahresschluß	Deutsche Bank	Disconto-Gesellschaft	Dresdner Bank
1923	32 979	16 429	22 853
1924	18 699	8 912	11 567
1925	16 000	7 365	9 484
1926	14 800	7 551	8 622
1927	13 856	7 218	8 470
1928	13 341	rund 7 000	8 357

Daß die verbliebenen Bankangestellten — auch die Direktoren nicht ausgeschlossen — zu einem erheblichen Teil spekulieren, wenn sie selbst oder durch die Börsenvertreter Kenntnisse von irgend welchen Vorgängen und von Aufträgen erhalten, ist kaum in Zweifel zu ziehen. Es ist nur leider eine Spekulation, die meistens auf sehr schwachen Füßen steht. Sie kann für die Bankkundschaft oft die nachteilige Wirkung haben, daß deren Wertpapiergeschäfte infolge der zahlreichen Mitläuferschaft nur zu ungünstigeren Kursen ausgeführt werden.

c) **Das große Publikum.** Ähnlich bedeutet die Festigung der deutschen Währung für die Beteiligung des großen Publikums an der Spekulation einen Wendepunkt.

Von denselben drei Großbanken, die oben herangezogen werden konnten, liegen auch hier in den Geschäftsberichten zusammenhängende Veröffentlichungen vor, die einen Anhalt für die Teilnahme des Publikums am Börsengeschäft geben.

Anzahl der geführten Kundenrechnungen.

Jahresende	Deutsche Bank	Disconto-Gesellsch.	Dresdner Bank
*	804 251	320 700	539 706
1924	280 788	112 369	253 072
1925	332 183	123 045	259 164
1926	338 686	146 623	259 777
1927	375 889	152 627	270 366
1928	422 694	166 765	289 575

* Vergleichszahlen aus der Inflationszeit: Deutsche Bank und Disconto-Gesellschaft 1922, Dresdner Bank 1921 zum letztenmal vor der Stabilisierung veröffentlicht. — In den Geschäftsberichten für 1923 fehlen diese Angaben; Zahlen sind auch nur teilweise in Erfahrung zu bringen. Die Direction der Disconto-Gesellschaft (Chef-Cabinet) teilt sie für Ende 1923 mit 283 000 mit. Der Rückgang im Jahre 1923, der auch wohl bei den anderen Banken eingetreten sein dürfte, ist wohl aus den Maßnahmen gegen das kleine Kapitalisten-Publikum zwecks Löschung der unlohnenden Konten zu erklären. Die hier in Betracht kommende Schicht der Spekulanten ist sicherlich daran kaum beteiligt.

Ein Zusammenschrumpfen der Anzahl der geführten Kundenrechnungen bis auf die Hälfte und ein Drittel muß den Anschein erwecken, als ob hier ein wesentlicher Faktor von Grund auf verändert ist. Und doch ist dem nicht so; denn trotz allen Umfangs, den die Spekulation des großen Publikums in den Inflationsjahren angenommen hat, hat sie nie die Kursbewegung grundlegend beeinflussen können. Dazu versteht das Publikum in der Regel zu wenig von den anderen wesentlichen Faktoren, noch kann es sich rechtzeitig unterrichten, da es erst auf die abendliche Lektüre des Handelsteils der Tagespresse und des Börsenberichts angewiesen ist und daraus selten entnehmen kann, ob diese oder jene Nachricht bereits in den Kursen ihren Ausdruck gefunden hat oder nicht. Bis aber die Möglichkeit besteht, etwa gefaßte Entschlüsse durch die Banken und die Bankiers zur Ausführung bringen zu lassen, verstreicht wiederum eine gewisse Spanne Zeit, in der die Lage am Aktienmarkt schon wesentlich anders geworden sein kann und die das Risiko gegenüber dem an der Börse selbst tätigen Personenkreis außerordentlich erhöht.

Die Aufwärtsbewegung der gegebenen Zahlen seit der Stabilisierung ist zu einem erheblichen Teil keine echte. Sie ist durch Aufnahme bisher selbständiger Banken in die betreffenden Großbanken zu erklären. Beachtet man das bei der Bewertung der Zahlen, so wird auch die langsamere Entwicklung bei der Dresdner Bank verständlich, die nicht auf dem Weg der Verschmelzungen fortgeschritten ist.

Zwei Tatsachen sind noch als Überbleibsel der Inflationsentwicklung zu erwähnen. Erstens ist das Publikum viel eher geneigt, die Aktien als Spekulationsgegenstand zu betrachten und weniger auf langfristige Kapitalanlage als auf spekulative Gewinne zu kaufen. In nicht bloß vorübergehenden Zeiten begnügt man sich mit Kursgewinnen von einigen Prozenten; die Käufer von gestern sind die Verkäufer von heute. Aktien aus dem Besitz von, wie man vermuten sollte, Dauerbesitzern gelangen auch sehr leicht an den Markt, um Kurserhöhungen mitzunehmen; auch auf sie stürzt sich die Spekulation. Die Scheidung zwischen den festen und den spekulativen Händen zu ziehen, ist mithin erschwert.

Zweitens ist von den Vorgängen an der Börse, die in den Zeiten der Inflation wohl alle Schichten der Bevölkerung im höchsten Grade interessiert haben, ein viel größeres öffentliches Interesse an den Geschehnissen am Aktienmarkt und eine vergrößerte öffentliche Kontrolle zurückgeblieben, als es vor dem Kriege der Fall gewesen ist. Man geht wohl in der Annahme nicht fehl, daß diese beiden Tatsachen in ihren Auswirkungen auf die Kursbildung und auf unberechtigte Übertreibungen sich etwa ausgleichen.

B. Die börsentechnischen Faktoren der Kursbildung.

Der zweite Abschnitt der systematischen Darstellung der Aktienkursbildung gilt der börsentechnischen Seite. Er behandelt also die Preisbestimmungsgründe, die in der jeweiligen Gestaltung der inneren Börsenzustände begründet liegen.

Im einzelnen ergibt sich die Einteilung des Abschnittes aus der Verschiedenheit der Marktorganisation auf den Teilgebieten des Aktienmarkts, die auch die verschiedenartige Zusammensetzung der Käuferkreise und mit ihr die Marktbewegung maßgebend beeinflußt. Kann man den Einheits-Kassamarkt vor allem als das Gebiet des Anlage suchenden Publikums ansprechen, so ist der Großkassamarkt und der Terminmarkt mehr das Arbeitsgebiet des spekulativen Börsenhandels [1].

[1] Vierteljahrshefte zur Konjunkturforschung. 1926, H. 1 S. 37.

I. Die Marktgestaltung

1. am Kassamarkt:

a) am Einheits-Kassamarkt. In der Form des Geschäftsverkehrs am Einheits-Kassamarkt der Berliner Börse findet der Schutz des außenstehenden Kapitalistenpublikums besonderen Ausdruck.

Sämtliche Kauf- und Verkaufsaufträge, die in einem Papier zum amtlichen Kurs erledigt werden sollen, gelangen durch die Banken und die Kommissionsfirmen zu einer Gruppe von vereideten Kursmaklern, denen das betreffende Wertpapier zum Handel zugewiesen ist. Aus ihrer Gesamtheit wird sodann durch Ausgleich der verschiedenen Aufträge der Kurs ermittelt, bei dem Angebot und Nachfrage möglichst weitgehend zu befriedigen sind. Es muß dabei in Betracht gezogen werden, daß „alle unlimitierten Kauf- und Verkaufsaufträge, sowie alle höher als der Kurs limitierten Kauf- und alle niedriger als der Kurs limitierten Verkaufsaufträge ganz zur Ausführung kommen und die in Höhe des Kurses limitierten Kauf- und Verkaufsaufträge wenigstens teilweise befriedigt werden[1]". Für sämtliche in diesem Rahmen ausführbaren Aufträge gilt also ein einheitlicher Kurs, so daß der Auftraggeber nicht einer Vielzahl von Tageskursen gegenüber in Ungewißheit ist, ob ihm der richtige Kurs auch in Rechnung gestellt ist. Aber er hat nur eben die Gewähr, seinen Auftrag so erfüllt zu sehen, wie es dem Verhältnis der gesamten Nachfrage zum gesamten Angebot am Tage des Geschäftsabschlusses entspricht; dies schließt nicht aus, daß für ihn im Verlauf der Börsenversammlung ein ebenso guter oder gar günstigerer Kurs hätte erzielt werden können[2].

Es ist jedenfalls Tatsache, daß es am Markt der nur zum Einheitskurs gehandelten Effekten während eines Tages keine Kursveränderungen gibt und daß deshalb im allgemeinen auch eine stets zu Abschlüssen bereite Tagesspekulation fehlt, daß also der Einheitskurs marktverengend wirkt[3]. Das Geschäft in derartigen Papieren ist schon stets verhältnismäßig klein gewesen, die Umsätze geringer als am Terminmarkt. Ist dort das Geschäft unlustig, so stockt es im Kassahandel oft vollständig. Diese Entwicklung der Marktgestaltung, wie sie uns im allgemeinen schon früher[4] vor Augen getreten ist, läßt sich seit der Stabilisierung weiter beobachten: das Material bei den einzelnen Wertpapiergattungen weist eine anhaltende Verknappung auf. Die Aufspeicherung von Aktienpaketen zum Zwecke der wirtschaftlichen Zusammenfassung und Rationalisierung ist im Abschnitt A[5] eingehend dargelegt, und es ist bereits gezeigt worden, wie als Folge davon Aufwärts- und Abwärtsbewegungen der Kurse in ihrer Stärke verschärft werden.

---

[1] Saling I: a. a. O. S. 392. [2] Lansburgh: S. 38.
[3] Lansburgh: S. 19 und 39. [4] Prion: Preisbildung S. 102—104. [5] S. 19 ff.

Die fortdauernde Verminderung der freien Effekten, deren Bedeutung für die Kursbildung nicht gering zu schätzen ist, scheint auch heute noch nicht zum Abschluß gekommen zu sein.

In der gleichen Linie liegt die nach der Stabilisierung eingetretene, teilweise überaus scharfe Zusammenlegung der Aktienkapitalien bei den Industriegesellschaften, die ihrerseits den Gegenstand des Wertpapierhandels verringert und dazu beiträgt, daß schon kleine Kauf- oder Verkaufsaufträge größere Ausschläge in der Kurskurve nach oben und nach unten hervorrufen. Die Kursnotierungen haben also häufig mehr Zufallscharakter, als daß sie ein Bild von dem wirklichen Wert der Papiere nach wirtschaftlichen Gesichtspunkten bieten.

Nichtsdestoweniger darf die eingangs gegebene Kennzeichnung des Kassamarkts als Betätigungsfeld des Kapitalistenpublikums trotz der Tatsache der sofortigen Lieferung und Bezahlung der Effekten dahin verstanden werden, als ob Leerverkäufe, also ein ausgesprochen spekulatives Handeln, am Kassamarkt nicht möglich sind. Im Gegenteil, sie kommen vor und sind eine Folgeerscheinung der nach den Usancen einige Tage betragenden Lieferungsfrist, die von Baissiers zu Blankoabgaben ausgenützt werden kann („Kassafixen"). Die Grenzen des eigentlichen Kassageschäfts sind aber mit dem Eintreten eines auf Deckung des Vorverkaufs bedachten Spekulanten überschritten; die Form ist gehalten, der Inhalt ist ein (kurzfristiges) Terminengagement. Kurserholungen, die markttechnisch auf Deckungen der Leerverpflichtungen als eine notwendige Erscheinung folgen, pflegen in der Regel nicht lange anzuhalten. Für sie genügen an sich schon kleine und kleinste Aufträge.

b) am Schwankungsmarkt. Am Schwankungsmarkt liegen die Verhältnisse anders; denn die Voraussetzung dafür, daß eine Notierung fortlaufender Kurse vorgenommen wird, ist es, daß die fraglichen Effekten einen größeren Markt haben. Während Kassageschäfte zu schwankenden Kursen bereits vor dem Kriege bei einem plötzlich auftauchenden Interesse für nicht auf Zeit gehandelte Papiere im freien Verkehr abgeschlossen wurden, wurde diese Geschäftsform während des Krieges bei der Wiederaufnahme der amtlichen Kursnotierung im Dezember 1917 auch in den amtlichen Börsenverkehr eingeführt. Sie sollte als Ersatz für das verbotene Börsentermingeschäft gelten, indem sie mehr, als es der Einheitsmarkt vermochte, den Bedürfnissen der Börsenspekulation Rechnung trug. Bestimmte Mindestkapitalien der Gesellschaften, deren Aktien für diesen Handel in Betracht kamen, und bestimmte Mindestumsätze wurden festgelegt, letztere jetzt in der Regel 5000 bis 6000 RM. und ein Vielfaches davon.

Hier kommt der Kurs wirklich in dem Augenblick zustande, da ein Geschäftsabschluß zwischen zwei Parteien erfolgt, gilt aber auch nur für eben dieses Geschäft. Er schwankt also im Verlauf einer Börse. Der Kurszettel bringt in diesem Fall keinen Kurs, der, künstlich errechnet, maßgebend geworden ist, sondern eine einfache Feststellung der Börsenpreise, zu denen tatsächlich Wertpapiere umgegangen sind. Die höchsten und die niedrigsten Ausschläge der Preiskurve werden in zeitlicher Folge verzeichnet, dazu der Anfangs- und der Schlußkurs, so wie sie bei der Kursbildung von Fall zu Fall zustande gekommen sind. Es tritt also am Schwankungsmarkt an die Stelle der stoßweisen Verschiebung des Kursstandes, die der Einheitskassamarkt von Börsentag zu Börsentag zeigt, eine verringerte, mehr wellenförmige Bewegung über die ganze Börsenzeit hin[1].

Das berufsmäßige Börsenhändlertum wird nicht wie am Einheitsmarkt behindert. Es hat bei der ununterbrochenen Umsatzmöglichkeit Gelegenheit zum Ausnützen von Kursunterschieden in kürzesten Zeitabständen, auch zu Glattstellungen der Verpflichtungen im Verlaufe einer Börsenversammlung, was ausgleichend auf die Preisbewegung einwirken kann. Die erhöhte Möglichkeit spekulativer Betätigung bringt es auch mit sich, daß die Schlüsse durch Gegengeschäfte der Parteien nicht mehr bis zu einer wirklichen Erfüllung zu gelangen brauchen. Das Kassafixen gibt somit auch am Schwankungsmarkt nicht den gleichen Anlaß zu Klagen wie am Einheits-Kassamarkt. In der Auffassung der Beteiligten ist beinahe der Übergang zum Terminmarkte vollzogen.

Diese Art der fortlaufenden Notierung hatte sich rasch so eingebürgert, daß sie auch beibehalten wurde, als nach einer mehr als elfjährigen Pause am 1. 10. 1925 wieder amtlicherseits zu einer Anerkennung der Börsentermingeschäfte und zur Notierung ihrer Kurse geschritten wurde.

2. am Terminmarkt.

Über das Zustandekommen und die Aufzeichnung der Kurse am Terminmarkt brauchen Einzelheiten nicht dargelegt zu werden; was dieserhalb soeben bei der Besprechung des Schwankungsmarktes gesagt ist, gilt auch hier.

Der Terminmarkt selbst ist das ureigenste Gebiet der Spekulation[2]. Diese hat aus praktischem Bedürfnis heraus seine Handelsformen so fein entwickelt, daß sie selbst bei lebhaftester spekulativer Geschäftstätigkeit Wertpapierbestände und Geld möglichst wenig in Anspruch nehmen. Sie werden bis zum Abrechnungstermin überhaupt nicht gebraucht und auch dann bei der Liquidierung der Engagements nur in geringerem Umfang, da ein ziemlicher Teil durch Gegengeschäfte inzwischen ausgeglichen ist.

---

[1] Lansburgh: S. 38. [2] Vgl. Göppert: a. a. O. S. 28, — von juristischer Seite: Nußbaum: a. a. O. S. 557.

Die Erwägung, daß die durch diese Technik gebotene Bequemlichkeit allzu verlockend wirkt und die Spekulation in Kreise trägt, die vor ihr und ihren Gefahren zu bewahren sind, hat in der deutschen Börsengesetzgebung zu Beschränkungen des Zeitgeschäfts und zu Kriegsbeginn zu einem völligen Verbot geführt[1]. Die Inflation hat dann seine Wiedereinführung scheitern lassen, da infolge der beträchtlichen Kursänderungen von Tag zu Tag die Gefahr einer Kreditgewährung auf längere Zeit zu ungeheuer geworden wäre. Erst nach Ordnung der Währungslage konnte an seine Wiederzulassung zum amtlichen Verkehr an den deutschen Börsen gedacht werden. Lediglich das Vertrauen zur Gegenpartei konnte nicht mehr Grundlage des Geschäfts werden, da die Verhältnisse in der Zwischenzeit undurchsichtiger geworden sind. Ein Ersatz wurde durch die Errichtung der Liquidationskasse Akt.-Ges. (in Berlin; an den anderen Börsen ähnlich) geschaffen, die durch scharf überwachte Einschußpflicht die Kreditgewährung an die Teilnehmer sichert. Hierdurch ist, dies unterliegt keinem Zweifel, eine Entpersönlichung des Börsenkredits eingetreten. Nicht die Person, sondern die Deckung ist maßgebend. Welche wirkliche Kapitalkraft hinter der einzelnen Partei steht und im Falle eines Kurssturzes eingesetzt werden kann, ist nicht zu übersehen[2]. Zur besseren Sicherung gegen das Risiko wurde anfangs (in den ersten drei Jahren) die Engagementsfrist gegenüber der Vorkriegszeit verkürzt, indem eine zweimalige Liquidation im Monat, zum Medio und zum Ultimo, eingeführt wurde[3]. Am 1. Oktober 1925 fand der Terminhandel in dieser neuen Form wieder Eingang in den amtlichen Verkehr. Wie er sich umsatzmäßig entwickelt hat, läßt sich leider nicht feststellen, da ja in Deutschland eine allgemeine Statistik der Börsenumsätze fehlt. Auch die Liquidationskasse A.-G., die das hierfür in Frage kommende Material von den einzelnen Liquidationsterminen besitzt, teilt keine Zahlen mit[4].

Was die Verteilung der Engagements und die Auswirkungen auf die Aktienkursbildung anbetrifft, so scheinen Prions Ausführungen[5] wohl auch heute noch Geltung zu haben und keiner Ergänzungen zu bedürfen. Doch angesichts der Tatsache, welche Schwierigkeiten die sichere Beurteilung macht und wie verschieden sie sich gestaltet[6], sei nochmals darauf hingewiesen, daß das außerordentlich geringfügige Material, das seit der Stabilisierung zur Verfügung steht, noch keine endgültigen Schlußfolgerungen zuläßt. Das dem Börsentermingeschäft eigentümliche In-der-Schwebe-Bleiben bringt es nämlich mit sich, daß die Be-

---

[1] Lansburgh: S. 27/28. [2] FZ. 23. 5. 1927.
[3] Die Bank 1925, S. 668 und Deutsche Wirtsch.-Ztg. 1927, S. 484/85.
[4] Lt. Auskunft der Liquidationskasse Akt.-Ges.; vgl. auch FZ. 23. 5. 1927.
[5] Prion: Preisbildung S. 76 ff., Zusammenfassung H. d. St. W. S. 1072.
[6] Vgl. ebda. S. 167 ff., 183 ff., ferner Lansburgh: S. 26/27.

ziehungen zu den Wertpapieren nicht wie beim Kassageschäft mit Abschluß eines Geschäftes aufhören. Es ist infolgedessen nicht ausgeschlossen, daß selbst dann, wenn wirtschaftliche Gründe höhere Kurse rechtfertigen, neue Käufer fehlen, weil schon alles nach oben engagiert ist. Umgekehrt können ungünstige Nachrichten bei überwiegenden Hausseengagements leicht überstürzte Verkäufe hervorrufen und Preisrückgänge zur Folge haben, die, auf dem plötzlichen „Drehen" der Haussepartei beruhend, an sich übertrieben erscheinen. Sie verfehlen indessen bei einseitigen Baisseengagements an der Börse ihren Einfluß auf die Aktienkursbildung, da die Entwertung der Papiere durch den Deckungsbegehr der Fixer von selbst aufgehalten wird. Die Spekulation hat daher selbstverständlich das Bestreben, die Engagementsverhältnisse im Auge zu behalten und ihre Geschäfte darauf abzustellen. Die oben[1] dargelegte Entwicklung unserer Großbanken, die einen großen Teil der Börsenaufträge „in sich" ausgleichen, verschleiert jedoch die eigentliche Verteilung der Engagements und wird dem Bestreben der Spekulation hinderlich[2].

II. Die Kursbildung am Kassa- und am Terminmarkt in ihrem gegenseitigen Verhältnis.

Nur in einer Hinsicht ist die Übersicht über die Verhältnisse am Terminmarkt klarer, nämlich wenn man sie denen am Kassamarkt gegenübersetzt und sich die Aufgabe stellt, das gegenseitige Verhältnis der Kursbildung an den beiden Märkten und die wechselseitigen Beeinflussungen der Kursbildung der gleichen Werte an den beiden Märkten zu untersuchen.

Man gelangt zu dem erstgenannten Problem, wenn man sich die Tatsache vergegenwärtigt, daß im Effektenhandel die zum Termingeschäft zugelassenen Wertpapiere die führende Stellung innehaben.

Schon oben[3] ist das Interesse begründet, das die Banken an einer tragfähigen Terminspekulation haben, der sie durch die Hingabe von Reportgeldern immer aufs neue ihre Unterstützung leihen. Weil sie demnach, selbst wenn die Zeiten kritisch sind, noch eher Terminpapiere reportieren als Kassapapiere lombardieren, hat diese Verbreiterung des Marktes eine erhöhte Verkäuflichkeit der Terminpapiere zur Folge. Die Terminspekulation kann deshalb noch oft durchhalten, wenn die Kassaspekulation bereits zu Realisationen schreiten muß[4]. Dieser Umstand lockt auch den Kapitalisten nicht selten zu Anlagekäufen in den Werten, in denen Zeitgeschäfte getätigt werden. So ist im allgemeinen bei günstiger Stimmung an der Börse die Nachfrage nach Terminpapieren größer als nach Kassapapieren.

---

[1] S. 6 ff. [2] Vgl. zu diesem Absatz: Prion: H. d. St. W. S. 1072.
[3] S. 14, vgl. auch S. 17. [4] Schulze-Gaevernitz: S. 99.

Ihre absolute Kurshöhe, die auf ihrer führenden Stellung in der Wirtschaft und ihrer begünstigten Stellung als Kern gegenwärtiger oder künftiger Konzerne[1] beruht, erhöht sich daher auch relativ weit stärker als die der nur im Kassaverkehr gehandelten Wertpapiere. Hierbei spricht weiter die Marktverbreiterung mit, die in der Bevorzugung dieser Papiere seitens des Auslandes als der international bekanntesten und überhaupt in der größeren Geläufigkeit des Termingeschäfts an den Auslandsbörsen liegt[2], und ferner noch besonders die Tatsache, daß[3] die Spekulation — die Hauptantriebskraft am Terminmarkt — sich weniger als das Kapitalistenpublikum — diejenige am Kassamarkt — um den Ertrag der Aktien kümmert und oft die Kurse ohne Rücksicht auf eine angemessene Rentabilität übersteigert, solange eben noch Aussicht besteht, hinter sich einen weiteren Käufer zu finden.

Eine solche Hausse geht erst allmählich in die Breite; die Terminpapiere verlieren dann nur langsam ihren Vorsprung vor den Kassapapieren.

Mit dieser Art und Richtung der Entwicklung stimmt es auch überein, daß die Ausschläge der Kurskurve am Terminmarkt in Zeiten der Krisis und eines schnellen Sinkens der Kurse in der Regel größer sind als am Kassamarkt und hierbei wieder am Schwankungsmarkt größer als am Einheitsmarkt. Dies steht durchaus nicht im Widerspruch zu der oben[4] festgestellten Tatsache, daß die Technik des Schwankungs- und des Terminmarkts (denn die Terminpapiere werden doch auch zu schwankenden Kursen gehandelt) für die Kursbildung in dem mehr gemäßigten Auf und Ab eine Bevorzugung vor der stoßweisen Veränderung des Einheitskurses bedeutet; in der obigen Betrachtung stand die verhältnismäßige Veränderung des Kursniveaus von Kurs zu Kurs im Vordergrund, jetzt aber die Frage, wie es sich mit der Veränderung des Kursniveaus von Tag zu Tag bzw. im Verlauf einer kurzen, kritischen Zeitspanne verhält. Da nun der spekulative Börsenhandel vor allem am Termin- und am Schwankungsmarkt arbeitet und der Einheits-Kassamarkt mehr von dem in seinen Entschlüssen schwerfälligeren Kapitalistenpublikum bevorzugt wird[5], so kann daraus gefolgert werden, daß der Terminmarkt meist schneller reagiert als der Schwankungsmarkt und dieser wieder schneller als der Kassamarkt[6].

Von einer anderen Seite kommen wiederum Einflüsse, die den Kurs der zum Terminhandel zugelassenen Werte vor den Kassapapieren begünstigen. Steht nämlich die Börse unter dem Zeichen eines allgemeinen Kurseinbruchs und entschließen sich die maßgebenden Banken und Bankhäuser zu planmäßigen gemeinschaftlichen Stützungskäufen[7],

[1] Die Bank 1926, S. 424. [2] FZ. 12. 6. 1926.
[3] Dt. Volkswirt 1926/27, Beilage S. 65/67. [4] S. 31. [5] Vgl. S. 28.
[5] Viertelj.-H. z. Konj.-Forsch. 1926, H. 1, S. 37. [7] Vgl. oben S. 13.

so wenden sie sich aus den gleichen, bereits angegebenen Gründen zunächst den Papieren zu, von deren Stützung sie sich den größten Erfolg für die gesamte Börsenstimmung versprechen dürfen. Die Terminpapiere haben natürlich hierbei den Vorzug vermöge der Stellung, die die Gesellschaften, deren Aktien auf Zeit gehandelt werden, in der Wirtschaft einnehmen[1]. Dann erst kommen die Kassapapiere in Betracht, von diesen wiederum zunächst die fortlaufend und in letzter Linie die ausschließlich am Einheitsmarkt gehandelten. Die Terminwerte haben daran einen Rückhalt, der gleichzeitig in Wechselwirkung zu erhöhter Beteiligung am Terminmarkt reizt.

Selbstverständlich bestehen auch zwischen Termingeschäft und Kassageschäft in den gleichen Werten des Effektenhandels Beziehungen, sogar wechselseitige Beeinflussungen der Kursbildung. Denn ein Teil der gekauften Effekten wird im Termingeschäft ebenfalls gegen Barzahlung übernommen. Sobald eine Spanne zwischen den Kassakursen und den Terminkursen entstanden ist, greift daher, vorausgesetzt daß sie groß genug ist, um für das Handeln Gewinn zu versprechen, eine Arbitrage ein[2].

Am Kassamarkt[3] wird der Kurs eines Wertpapiers durch das Verhältnis augenblicklich vorhandenen Angebots zu der augenblicklichen Nachfrage bestimmt. Den Terminkurs beeinflussen das Angebot und die Nachfrage, die bis zum Erfüllungstag wirksam werden, und in erhöhtem Maße Angebot und Nachfrage aus den spekulativen Engagements, wodurch die Preisbestimmungsgründe eines größeren Zeitraums unmittelbar auf die Kursbildung einwirken. Diese verschiedenen Mengen von Angebot und Nachfrage, die zwischen den Parteien den Kassa- bzw. den Terminkurs zustande bringen, führen mithin zur Entstehung von Kursen, die in der Regel voneinander abweichen. Hier liegt das Betätigungsfeld für eine Arbitrage. Übersieht die Spekulation, daß in dem Verhältnis von Angebot und Nachfrage das zukünftige Angebot geringer ist als die zukünftige Nachfrage, so daß mit einer Kurssteigerung gerechnet werden kann, so ist der Terminkurs höher als der entsprechende Kassakurs, und umgekehrt. So ergeben sich für den Ausgleich folgende Möglichkeiten.

1. Terminkurs höher als Kassakurs.

a) Käufe per Kassa und Wiederverkäufe per Termin:

Kassa-Nachfrage steigt,
Kassa-Kurs steigt.
Termin-Angebot steigt,
Termin-Kurs sinkt.

---

[1] Vgl. FZ. 13. 6. 1924. „Die Intervention am Effektenmarkt."
[2] Vgl. Lexis: a. a. O. S. 11—12.
[3] Für das folgende vgl. Selzowsky: a. a. O. S. 69—70.

b) Das nicht drängend angebotene Material wird erst per Termin verkauft:

Kassa-Angebot sinkt,
Kassa-Kurs steigt.
Termin-Angebot steigt,
Termin-Kurs sinkt.

2. Terminkurs niedriger als Kassakurs.

a) Verkäufe per Kassa und Eindecken per Termin:

Kassa-Angebot steigt,
Kassa-Kurs sinkt.
Termin-Nachfrage steigt,
Termin-Kurs steigt.

b) Das nicht drängend nachgefragte Material wird erst per Termin gekauft.

Kassa-Nachfrage sinkt,
Kassa-Kurs sinkt.
Termin-Nachfrage steigt,
Termin-Kurs steigt.

Im Endergebnis ist also unter wechselseitiger Beeinflussung jedesmal die Spanne zwischen den beiden Kursen verringert.

C. Die wirtschaftlichen Faktoren der Kursbildung.

I. Der „innere Wert" der Aktien.

Als letzte Gruppe schließen sich an die Betrachtung der persönlichen und der börsentechnischen Kursbildungsfaktoren diejenigen an, die die Werte des Börsenhandels selbst zum Gegenstand haben, beziehungsweise sie von der wirtschaftlichen Seite her näher berühren.

Die wichtigste Grundlage für den Kurs der Aktien ist der jeweilige Wert, den sie darstellen — in der Börsensprache der „innere Wert" der Aktien[1] —. Er wurzelt in zwei verschiedenen Faktoren, erstens in dem der Aktie entsprechenden Anteil am Gesamtvermögen der Aktiengesellschaft und zweitens in dem entsprechenden Anteil am Gewinnerträgnis der Aktiengesellschaft.

1. Der Anteil am Vermögen der Gesellschaft.

a) Das Recht auf den Liquidationserlös. Die Grundlage für den auf die einzelne Aktie verhältnismäßig entfallenden Anteil am Gesamtvermögen der betreffenden Aktiengesellschaft läßt sich nur im Falle der Vermögensverteilung bei der Liquidation des Unternehmens als

[1] Zu dieser Bezeichnung vgl. Prion: Preisbildung, S. 106, Anm. 2.

„das nach der Berichtigung der Schulden verbleibende Vermögen der Gesellschaft“ (§ 300 Abs. I HGB.) einwandfrei errechnen. Zur Berücksichtigung bei der Börsenkursbildung der Aktien einer tätigen Gesellschaft unterliegt dieser Faktor nur einer jeweiligen Abschätzung, was das Unternehmen bei einer Veräußerung im ganzen oder in seinen einzelnen Teilen wert ist[1].

Grundlegende Quelle zur Schätzung dieses Liquidationswertes ist die für den Schluß des Geschäftsjahres veröffentlichte Bilanz der Gesellschaft, die jedoch mannigfache Fehler und Mängel aufweist[2], deren Aufzählung im einzelnen sich hier erübrigen dürfte.

So viele Fragen und Zweifel schon in Vorkriegszeiten bei der Feststellung des auf die einzelne Aktie entfallenden rechnungsmäßigen Anteils am Vermögen auftauchten, so wurde dies in den Jahren nach dem Kriege bis zur Marktstabilisierung vollends eine Unmöglichkeit. Die Bilanz-Endziffer setzt sich aus Posten zusammen, die zwar juristisch nach dem Grundsatz „Mark gleich Mark“ addiert werden konnten, wirtschaftlich aber in ihrer Einheit völlig voneinander abweichende Werte darstellten. Trotzdem war der Wert des Sachkapitals, wie Gebäude, Maschinen usw., der hinter den Aktien vermutet wurde in der ganzen Inflationszeit für den überwiegenden Teil der am Aktienmarkt interessierten Personen bei der Preisbildung allein maßgebend. Die Kurse waren dadurch auf einen immer mehr schwankenden Boden gestellt.

Mit Eintreten der Währungsstabilisierung wird es offenbar, daß die Kursbildung bei der Abschätzung der Sachwerte zu weit gegangen ist. Die durch die Gesetzgebung geforderten Goldbilanzen ergeben, selbst bei unverwässertem Kapital, vielfach ganz unerwartet scharfe Aktienumstellungen. Auch mit der fortschreitenden Festigung der wirtschaftlichen Verhältnisse zeigt sich weiter, daß für die Bewertung der einzelnen Aktiengattung die Sachwerte nicht allein objektiver Maßstab sein könnten, wenn die wirtschaftliche Lage der in Frage kommenden Gesellschaft, wie besonders ihre Erzeugungs- und Absatzbedingungen, außer Betracht gelassen sei[3]. Eine Reihe von Gesellschaften, die dies bei der Golderöffnungsbilanz nicht berücksichtigt haben, muß erneut das Aktienkapital zusammenlegen, nun aber mit ziemlicher Gewißheit, daß zwischen dem wirklichen Vermögenswert und dem Bilanzwert, soweit es irgend möglich — und üblich ist, die Übereinstimmung gefunden ist.

Die Bilanz als solche bietet jetzt wieder eher Handhabe zur Erfassung des Liquidationswertes der Aktie, wenn auch ihre Fehler hinsichtlich des ausgewiesenen Vermögens weiter bestehen. Die Klagen über undurchsichtige Angaben und mangelnde Publizität der verant-

[1] Prion: H. d. St. W. S. 1071. [2] Vgl. dazu Prion: Preisbildung, S. 107.
[3] Wirtschaft und Statistik 1924, S. 417/18.

wortlichen Leiter der Unternehmungen haben sich allgemein in der Fach- und der Tagespresse vermehrt.

b) Das Stimmrecht. Ein wichtiges Recht des einzelnen Aktionärs gegenüber der Gesellschaft liegt in dem auf jede Aktie gemäß dem Gesetz (§ 252 HBG.) entfallenden Stimmrecht.

Von zwei Seiten ist dieses Recht von Wirkung auf die Kursbildung. Einmal im Zusammenhang mit den bereits oben[1] dargelegten Interessenkäufen von Unternehmern, die mit dem Erwerb eines Aktienpaketes Einfluß auf das Geschäftsgebaren der betreffenden Aktiengesellschaft nehmen wollen. Ihnen ist dies der Hauptzweck der Käufe, den sie nur mit Hilfe des Stimmrechts erreichen können, wenn der Weg einer vertraglichen Übereinkunft nicht erfolgreich ist.

Zum zweiten die mit mehrfachem Stimmrecht ausgestatteten Vorzugsaktien, die von einer großen Anzahl von Gesellschaften nach dem Kriege ausgegeben sind, wobei eine drohende Überfremdungsgefahr das vielfache Stimmrecht zugunsten der Verwaltungsgruppen begründen mußte. In diesem Sinne sind sie meistens nicht börsengängig, wirken aber eben durch ihr bloßes Vorhandensein nachteilig auf die Kursbildung der Stammaktien des Unternehmens; denn eine rücksichtslose Beherrschung seitens der Verwaltung und der Großaktionäre mit diesem „raffinierten System der Aktionärentrechtung“[2] durch die Vorzugsaktien und ähnliche Emissionen erhöht im Zusammenhang mit der unzulänglichen Publizität nicht gerade das Publikumsinteresse für einen Anlagekauf von Aktien. Besonders auf Veranlassung der Zulassungsstellen der Börsen bei Neuausgaben von Wertpapieren der betreffenden Aktiengesellschaften führt die Entwicklung jetzt zu einer allmählichen Verminderung überspannter Mehrstimmrechte, teils zu einer Einschränkung, teils auch zu ihrer völligen Einziehung. Aber doch wird noch auf absehbare Zeit im Börsengeschäft mit diesem Faktor zu rechnen sein.

c) Das Bezugsrecht. Mit dem verhältnismäßigen Anteil der einzelnen Aktie am gesamten Gesellschaftsvermögen ist der gleiche verhältnismäßige Anspruch auf neue Aktien aus Kapitalserhöhungen verknüpft (§ 282 HGB.), soweit nicht ein Beschluß der Generalversammlung der Aktionäre ihn ausschließt.

So gewährt ein günstiges Bezugsrecht einen kursmäßigen Vorteil für die Aktionäre. Der Kurs der alten Aktien steigt infolgedessen, sobald dies, selbst gerüchtweise, bekannt wird. Sind aber die neuen Aktien bezogen, so fällt er in der Regel unter den Stand, den er vorher hatte. Ein größeres Aktienkapital nimmt jetzt an der Dividende teil, und es ist noch nicht gewiß, ob das vergrößerte Kapital von vornherein

[1] S. 19 ff. [2] FZ. 31. 5. 1925.

so gut beschäftigt werden und die gleiche Rente abwerfen kann wie vordem das alte, kleinere Aktienkapital[1].

Nach den außergewöhnlichen Zuständen am Effektenmarkt, die in den Inflationsjahren herrschten und diese Tatsache unter dem Eindruck der fortwährenden Kurssteigerungen vergessen ließen, ist die Entwicklung nach der Stabilisierung wieder zu einer normalen Preisgestaltung hinsichtlich der Bewertung des Bezugsrechts und des ihm folgenden Kursabschlags gediehen.

Wenn die Notierung des Bezugsrechts nicht immer den vollen rechnungsmäßigen Wert erreicht, wenn auch der Kursabschlag dementsprechend auch geringer ist, spricht eine andere Tatsache mit, nämlich daß geraume Zeit vergeht, bis die jungen Aktien mit den alten vollkommen gleichberechtigt an der Börse lieferbar sind. Diese Niedrigerbewertung hat demnach eine gewisse Berechtigung und mit der oben angedeuteten nichts gemein[2].

Wird aber die in Aussicht genommene Einführung der jungen Aktien in den amtlichen Börsenhandel aus irgendwelchen Gründen verzögert und sind schon, indem man mit ihrer Lieferbarkeit gerechnet hat, Stücke vorverkauft worden, so tritt eine Rückwirkung auf den Kurs der alten Aktien ein: die starke Nachfrage treibt unter dem sodann dort herrschenden Stückemangel den Kurs in die Höhe[3].

2. Der Anteil am Gewinnerträgnis der Gesellschaft.

a) Die Rentabilität. Der zweite Bestandteil des „inneren Werts“ einer Aktie ist der auf sie entfallende Anteil am Gewinnerträgnis der Gesellschaft; kapitalisiert man die ausgeschüttete Dividende, so erhält man den Ertragswert der Aktie. Er kann ebensowenig wie der Liquidationswert der Aktie einhellig rechnerisch bewertet werden; man kennt weder die für das laufende und die künftigen Geschäftsjahre fällige Dividende, noch sind die Meinungen über den Kapitalisierungszinsfuß einheitlich. Mehr oder minder genaue Schätzungen müssen hier helfen.

Wenn auch in der diesen Betrachtungen unmittelbar vorangegangenen Zeit der Inflation an Dividenden riesige Beträge, die oft ein Vielfaches des Aktienkapitals ausmachten, ausgeschüttet worden sind, so sind sie doch meistens nur geringe Bruchteile eines Prozents gewesen, wenn man sie, in Gold umgerechnet, mit den mit vollwertigem Geld eingezahlten Aktienbeträgen in Beziehung setzte. Daher konnte die Ertragswertberechnung nicht Grundlage für die Kursgestaltung sein.

---

[1] Saling: I, S. 560. [2] BT. 2. 6. 1927.
[3] Beispiel Aktien des Norddeutschen Lloyds Ende Januar 1926, FZ. 27. 1. 1926.

Um so mehr mußte man annehmen, daß dieser Faktor nach Eintritt der Währungsstabilisierung seine frühere bedeutende Stellung zurückerlangen würde. Aber obwohl von den Verwaltungen der Gesellschaften bei der Goldbilanzierung die Zusammenlegung des Aktienkapitals nach Möglichkeit so vorgenommen war, daß bald mit dem Beginn der Dividendenzahlungen gerechnet werden konnte, häuften sich seit Frühjahr 1925 die Mitteilungen über Dividendenausfälle[1], hauptsächlich, da man die an sich beschränkten baren Mittel nicht weiter verringern wollte. Oft wäre die Gesellschaft in der Lage gewesen, nach den Ergebnissen der Erfolgsrechnung eine Dividende zu zahlen; aber die Knappheit am Geldmarkt zur Zeit der Generalversammlung stand dem hinderlich im Wege[2], oder man wollte Herr im Hause bleiben und durch die Politik der Selbstfinanzierung den Einfluß der Banken brechen[3].

Es blieb daher sehr häufig trotz aller damit verbundenen Nachteile nichts anderes übrig, als bei der Kursbildung zu Inflationsgewohnheiten zurückzugreifen und als einzigen rechnerischen Anhalt den auf die einzelnen Aktien entfallenden Anteil am Gesamtvermögen der Gesellschaft zu benutzen. Dieser vermutliche Anteil war aber keineswegs in voller Höhe bei der Bewertung der Aktien einzustellen, da die Ertragslosigkeit nicht ohne Einfluß bleiben konnte. Er verhinderte aber, zumal die Hoffnungen für die Zukunft noch nicht aufgegeben waren, daß die betreffenden Aktien mit 0% bewertet wurden[4].

Auch bis jetzt ist erst bei einem Teil der gehandelten Aktien das Verhältnis zwischen Kurs und Rente erreicht, das demjenigen bei festverzinslicher Anleihen- oder Hypothekenanlage o. ä. unter Berücksichtigung des Risikos der Teilhaberschaft bei der Aktiengesellschaft entspricht. Für die letzten Jahre ergibt sich nebenstehende Zusammenstellung der Aktien- und Pfandbriefrendite, die vom Statistischen Reichsamt errechnet sind[5].

Demgegenüber hat in den letzten drei Jahren die Durchschnitts-Rendite der 5-, 6-, 7-, 8- und 10%igen Goldpfandbriefe stets zwischen 7 und 8% geschwankt, wie nachstehende Übersicht zeigt.

Jahresdurchschnitt in Prozent.	
1926	7,75
1927	7,33
1928	7,75
1. Vierteljahr 1929	7,87

[1] Mitteilg. Industrie- u. Handelskammer Berlin 1925, S. 487.

[2] Bankwissenschaft 1925/6, S. 640/1.

[3] VZ. 21. 3. 1928.

[4] Reichs-Kredit-Gesellschaft, a. a. O. 1. Halbjahr 1926.

[5] Für Aktien erst seit 1927 in Wirtschaft und Statistik 1927 bis 1929 in den monatlichen Berichten; für Pfandbriefe (ohne Berücksichtigung des sich aus Kursdisagio ergebenden Kursgewinnes) in Wirtschaft und Statistik 1929, S. 61 und S. 341.

Durchschnitts-Dividende und -Rendite sämtlicher an der Berliner Börse gehandelten Stammaktien (am Monatsende, in Prozent).

	Jan.	Febr.	März	April	Mai	Juni	Juli	Aug.	Sept.	Okt.	Nov.	Dez.
					Durchschnitts-Dividende							
1927	5,86	6,03	6,23	6,57	6,61	6,88	6,93	6,99	7,07	7,15	7,17	7,19
1928	7,20	7,29	7,58	7,94	8,14	8,22	8,23	8,26	8,26	8,29	8,29	8,29
1929	8,37	8,40	8,37	—	—	—	—	—	—	—	—	—
					Durchschnitts-Rendite							
1927	3,09	3,33	3,25	3,30	4,02	3,93	3,95	4,09	4,14	4,63	4,84	4,45
1928	4,62	4,71	4,81	4,80	4,70	4,85	5,11	5,00	4,97	5,19	4,99	4,99
1929	5,30	5,44	5,20	—	—	—	—	—	—	—	—	—

Eine Durchschnittsberechnung nivelliert ja stets; es kann trotzdem in Anbetracht der zahlreichen dividendenlosen Gesellschaften für die jüngste Zeit der Statistik entnommen werden, daß gewiß eine Reihe der Aktien eine angemessene Rente abwirft[1]. Überdies ist zu berücksichtigen, daß der Abschnitt der konjunkturellen Entwicklung, in den das Geschäftsjahr einer Aktiengesellschaft fällt, nach dessen Abschluß die Dividende zur Ausschüttung gelangt, sich mit demjenigen, auf dessen Kursstand die Dividende zwecks Berechnung der Rendite bezogen wird, bei dem augenblicklich anhaltenden raschen wirtschaftlichen Kreislauf in der Regel überschneidet. Eine etwa $3\frac{1}{2}$%ige Rendite der Aktien im 1. Halbjahr 1927 zeigt das Zusammentreffen der niedrigen Dividenden aus der Zeit des Tiefstands 1926 mit dem erhöhten Kursstand der Aktien während des Aufschwungs 1927[2], sowie die Tatsache, daß die erwartete Steigerung der Dividenden bereits in den Kursen vorweggenommen wird. Im 2. Halbjahr 1927 beträgt die Rendite

[1] Die „Vossische Zeitung“ veröffentlichte vor einiger Zeit (5. Mai 1929) eine lehrreiche Statistik der dividendenlosen Aktien, die die entgegengesetzte Linie zu der oben gegebenen Dividendenstatistik innehält und somit mit ihr übereinstimmt.

Ertraglos blieben

	Von allen Papieren	Vom Nominalkapital
2. Vierteljahr 1927	62%	23%
3. „ „	36%	14%
4. „ „	32%	12%
1. Vierteljahr 1928	24%	8%
2. „ „	22%	$6^1/_2$%
3. „ „	$20^1/_2$%	$5^1/_2$%
4. „ „	22%	6%
1. Vierteljahr 1929	21%	$6^1/_2$%

[2] Vierteljahrshefte zur Konj.-Forschung 1927, H. 1, S. 19.

durchschnittlich etwa 4%—4½%. Die Steigerung beruht auf zwei Ursachen, die Aktienkurse sind gefallen, nachdem die Konjunktur in den Abschnitt der Hochspannung getreten ist, und die Dividenden sind teilweise erhöht, nachdem bereits Abschlüsse von Gesellschaften, die den vermehrten Gewinn des Aufschwungsjahres 1926—1927 ausgeschüttet haben, von der Berechnung erfaßt sind. Die allgemeine Erhöhung der Dividenden hat bis in den Beginn dieses Jahres angehalten, wenn auch die Bewegung nach der Bekanntgabe der Jahresabschlüsse für 1927 in der Mitte 1928 ins Stocken geraten ist. Zum ersten Male ist im März 1929 ein Rückgang eingetreten. Obwohl unter den Dividendenerklärungen für 1928 die Dividendensteigerungen zahlenmäßig in der Mehrheit geblieben sind, sind einige bemerkenswerte Herabsetzungen erfolgt, gerade bei Gesellschaften, deren Aktienkapital verhältnismäßig hoch ist[1]. Da sich andererseits der durchschnittliche Kursstand der Aktien nur geringfügig geändert, neuerdings sogar etwas gesenkt hat, ist die Aktienrendite erheblich gestiegen. Liegt nunmehr die Durchschnittsdividende sogar über dem Zinsfuß für festverzinsliche Werte, so ist die Durchschnittsverzinsung des in Aktien angelegten Kapitals doch noch immer verhältnismäßig niedrig[2].

Natürlich ist nicht zu übersehen, daß bei der Kursbildung außer der Dividende noch andere, teilweise bereits erwähnte Gründe mitsprechen[3] und die Rentabilitätsberechnung beeinträchtigen. Dies beweist deutlich der große Unterschied zwischen der Aktien- und der Pfandbriefverzinsung. Zu seiner Erklärung braucht nur nochmals auf die Erwägungen hingewiesen zu werden, die angesichts der vielfachen Umorganisation und Neugestaltung der Gesellschaftsbeziehungen und -bindungen bei irgendwelchen besonderen Vorgängen auf lange Sicht von den an der Börse handelnden Personen angestellt werden. Es sind dann häufig Kombinationsgerüchte, die die Spielleidenschaft der Kulisse reizen und die Kurse unangemessen in die Höhe treiben, sodaß von einer entsprechenden Verzinsung der in Aktien angelegten Gelder nicht mehr gesprochen werden kann. Gründliche Überlegungen treten (auch beim Publikum) zurück, und, gestützt durch aufstachelnde Bankberichte[4] und Broschüren mit allen Kennzeichen der Stimmungsmache[5], wird nur noch an den „Transaktions- und Konzentrationswert und überhaupt so das ganze Fluidum um die Aktie herum“[6] gedacht. Und gerade hierbei darf nicht erwartet werden, daß die Gewinne der Gesellschaften mit den Kursen der Aktien auch im gleichen Verhältnis steigen[7].

---

[1] Wirtschaft und Statistik 1929, S. 340. [2] Ebenda S. 61.
[3] Vgl. Viertelj.-H. z. Konj.-Forschung 1926, H. 4, S. 19. [4] Vgl. FZ. 22. 6. 1926.
[5] Magazin d. Wirtsch. 19. 8. 1926, S. 1037. [6] Felix Pinner: BT. 7. 5. 1927.
[7] Geh.Rat Dr. Bosch: Gen.-Vers. I. G. Farben BT. 2. 6. 1927.

Ebenso wie sich diese Käufe für die interessierten Kreise erst in der Zukunft auswirken und rentieren sollen, steht es, worauf Prion besonders hinweist[1], mit den erheblichen Ausgaben, die die Rationalisierung der Werke in den letzten Jahren verursacht hat und die erst in späterer Zeit auf die Ertragfähigkeit der Gesellschaften günstig einwirken können, und mit der Zurückhaltung von Gewinnen, die teils zwecks Stärkung und Ausbau weiter in den Betrieben arbeiten und selbst wieder Erträgnisse bringen, teils — nachdem häufig bei der Goldumstellung das Aktienkapital zu niedrig angesetzt war — zur Vermeidung zu hoher Dividenden versteckt werden und die Spekulation mit Sonderausschüttungen rechnen lassen.

Sind somit eine Reihe von Ursachen festgestellt, die in der Entwicklung der letzten Jahre zu Abweichungen der Aktienkursbildung von der jeweiligen konkreten Ertragswertberechnung führen, so erhebt sich die weitere Frage, wie die Spanne zwischen der Aktienrendite und dem landesüblichen Zinsniveau überhaupt auf Aktienkäufe einwirkt.

Im ganzen betrachtet ist die beobachtete Zeit noch zu kurz, um schon jetzt über die einzelnen Bestimmungsgründe der geforderten Aktienverzinsung Endgültiges sagen zu können. Es ist klar, daß sie sich normalerweise auf dem landesüblichen Zinsfuß aufbaut und daß dazu eine Risikoprämie treten muß, die erst mit zunehmender Festigung der Lage der Aktiengesellschaft und gleichmäßigerer Dividendenzahlung abnimmt. Damit würde es augenscheinlich in krassem Widerspruch stehen, wenn überhaupt unter den obwaltenden Umständen in größerem Umfang Aktien zu Anlagezwecken erworben werden.

Doch auch schon vor dem Kriege, bei geordneten Verhältnissen an dem Geld- und Kapitalmarkt, war es möglich, für einen durch Aktienausgabe beschafften Betrag von 1000 Mark geringere Vorteile zu bieten als für 1000 Mark, die durch Ausgabe von Schuldverschreibungen einem Unternehmen zugeführt wurden[2]. Bereits damals sprach man von der „Tendenz der optimistischen Überschätzung des reellen Wertes von Aktien“; da der Erwerb einer Aktie für „einen bestimmten Geldbetrag unbestimmte Gewinnchancen“ biete, sei man „im allgemeinen geneigt, mehr zu bezahlen, als für eine Obligation mit dem gleichen inneren Werte“[3].

Mehr denn je ist seit der Stabilisierung in dieser Hinsicht an den Aktienmarkt eine Unsicherheit getreten, worauf im Verlauf dieser Untersuchungen schon verschiedentlich hingewiesen ist[4].

Infolge der Geldentwertung ist zunächst die solide Schicht der

---

[1] Aktienkurse und Aktienrente a. a. O. S. 2/3 und Schriften des Vereins für Sozialpolitik a. a. O., S. 237 in der Aussprache zum Referat von Somary.

[2] Petražycki: S. 47. [3] Ebenda S. 22, 47 und 73.

[4] Oben S. 21/22 und 28.

Rentner als Aktienkäufer fortgefallen; nunmehr nimmt am Aktienmarkt viel stärker als ehedem ein weiter Kreis kleinerer Leute teil, die weniger vorsichtig abwägen und denen von der Inflationszeit her die Beteiligung, ja selbst das Spiel an der Börse Bedürfnis geworden ist. Führt man — hiermit im Zusammenhang — einen Vergleich mit der Vorkriegszeit durch, so läßt sich eine leichtere Einstellung des großen Publikums zu den Dingen an der Börse beobachten. Die Aktien werden mehr als Gegenstand der Spekulation in der Hoffnung auf Kursgewinn denn als Kapitalanlage mit der Rechnung auf Gewinnausschüttungen betrachtet, so wie wir auch oben[1] sagten, daß Kapitalisten sich jetzt zur Mitnahme von Kurserhöhungen leichter als früher von ihrem Besitz trennen.

Diese Umschichtung[2] der Käuferschicht von Rentnern zur Spekulation, von älteren zu jüngeren Leuten, die unsere Untersuchungen ergeben haben, bringt es ohne Zweifel mit sich, daß Rentabilitätserwägungen im letzten Jahrfünft vor der Beobachtung des Kursstandes schlechthin zurückgetreten sind. Wir können dennoch Somary[3] nicht beipflichten, der in dieser Wandlung der persönlichen Faktoren die „zentrale Frage" einer Darlegung des gegenwärtigen Börsenaufbaus sieht. So sehr er es offen läßt, ob außerdem noch andere Ursachen für diese Tatsache maßgeblich sind, so glaubt er trotzdem im wesentlichen zur Klärung der Spanne zwischen Aktienkurs und Aktiendividende, zwischen Aktienrente und Rentenzinsfuß beigetragen und hierin eine international wirkende Verschiebung aufgedeckt zu haben. Wir müssen zwar auch zugeben, daß augenblicklich sehr häufig andere Faktoren bei der Preisbildung stärker wirken als der Rentabilitätsfaktor; aber dennoch scheinen uns die vorangegangenen Ausführungen mit Deutlichkeit bewiesen zu haben, daß, auf die Dauer gesehen, von dieser Seite aus keine grundlegende Änderung in der Marktstruktur eingetreten ist, daß mithin die Rentabilität (wenn auch eben bloß die Zukunftsrentabilität) von der Mehrzahl der Erwerber von Aktien keinesfalls außer acht gelassen wird.

Übrigens sind noch einige Worte zum Begriff der „Rentabilität" zu sagen, und zwar ist dabei in vierfacher Hinsicht zu unterscheiden. Einerseits für das betreffende Unternehmen: erstens das Verhältnis von Ausgabekurs und Dividende, das — neben der Bedeutung für den ersten Aktionär — die Aufwendungen für die Kapitalbeschaffung darstellt, und demgegenüber, zweitens, der Ertrag, den das bei der Ausgabe erhaltene Kapital dem Unternehmen abwirft. Andererseits für den Aktionär: die Dividendenausschüttungen als Einnahme des Aktionärs im Verhältnis zu (drittens) dem Kaufpreis der Aktie und (viertens)

---

[1] S. 28. [2] Vgl. auch Somary: Schriften des Vereins für Sozialpolitik, a. a. O., Referat S. 213, Schlußwort S. 256/66. [3] Ebenda.

dem jeweiligen Börsenkurs der Aktie. Daß sich das eben gezeigte Zusammenschrumpfen des Verhältnisses von Kurs zu Dividende nicht auf die Rentabilitätserwägungen der Gesellschaftsverwaltungen beziehen kann, versteht sich von selbst. Wir haben uns bei Verfolgung der Beziehungen der Rentabilität zur Aktienkursbildung ausschließlich auf den Standpunkt des Aktionärs zu stellen. Dabei leuchtet der Übergang des Rentabilitätsbegriffes unter „3“ zu dem unter „4“ ein. Es ist dies wiederum ein Beweis dafür, daß die sich während der Dauer des Besitzes der Aktien ergebende Rentabilität oder doch wenigstens die Hoffnung, die in die zukünftige Entwicklung gesetzt wird, auf die Entschließungen der Aktionäre von Einfluß ist, wenn auch die Augenblicksrentabilität beim Kauf unzulänglich sein sollte.

Noch ein Punkt ist in den Rentabilitätserwägungen seit der Stabilisierung, speziell im Ablauf des zweiten Konjunkturkreislaufs — seit Anfang 1926 — von Bedeutung gewesen und hier noch zu erwähnen, der landesübliche Zinsfuß könne später sinken und die Aktienverzinsung ohne selbst zu steigen, sich dementsprechend diesem Stande anpassen[1]. Die Erhöhungen des Reichsbankdiskontsatzes im Jahre 1927 von 5% über 6% auf 7% und die jüngste Entwicklung haben aber vorerst die Triebkraft dieser Beweisführung geschwächt.

b) Die Dividendenpolitik. Beschränken wir uns bei den folgenden Gedankengängen auf die Gesellschaften, die ihren Aktionären Dividende ausschütten und bei denen infolgedessen die Ertragswertberechnung auf die Kursbildung einwirkt.

Hier wies schon früher Prion auf die Gefahr einer zu unregelmäßigen Preisgestaltung der Aktien hin, wenn die jedesmalige Dividende eines Geschäftsjahres anstelle der Durchschnittsdividende einer längeren Reihe von Jahren kapitalisiert wird[2]. Er konnte aber auch schon damals sagen, daß durch die die deutsche Wirtschaft in hohem Grade kennzeichnenden Kartell- und Fusionsbildungen die Erträgnisse der Gesellschaften gleichmäßiger gestaltet werden[3].

So vorsichtig eine Betrachtung für die kurze Spanne nach der Stabilisierung sein muß, so kann doch gesagt werden, daß eine Rückkehr, vielleicht sogar ein verstärktes Streben zu der damals angebahnten Entwicklung zu beobachten ist.

„Man hat mit Recht gesagt“, so führt Sombart in seinem Werk über den Hochkapitalismus aus[4], „daß jetzt nicht mehr das Gewinn- und Verlustkonto die Dividende bestimmt, sondern erst die Dividende von den Direktoren festgesetzt und danach das zu veröffentlichende Gewinn- und Verlustkonto angelegt wird. Daß dieses durch stille und

---

[1] Mag. d. Wirtsch. 1927, S. 904.
[2] Preisbildung: S. 109.
[3] Preisbildung: S. 200.
[4] a. a. O. S. 669, vgl. auch Rosendorff: a. a. O. S. 73/74.

offene Rücklagen bzw. deren Hereinnahme, durch Vermehrungen der Gewinne aus einmaligen Geschäften, namentlich Konsortial- und Effektentransaktionen, durch verschieden starke Abschreibungen auf das fixe Kapital, durch verschieden hohe Bewertung von Effekten und Lagern u. a. nach Belieben gestaltet werden kann, weiß man."

Der Verlauf des Jahres 1926 zeigt wohl ganz besonders fast in der gesamten deutschen Wirtschaft, wie außerordentlich vorsichtig die Gewinn- und Verlustrechnungen aufgemacht worden sind, obwohl durch den englischen Bergarbeiterstreik der deutschen Schwerindustrie erhebliche Sondergewinne und von diesem Anstoß ausgehend der Gesamtwirtschaft Konjunkturgewinne zugeflossen sind. Die Dividenden sind nicht sprunghaft erhöht worden, aber auch beträchtliche Ertragsrückgänge, wie bei der Reichsbank (bei der Notenbank sind die Gewinnmöglichkeiten meistens denen von Handel und Gewerbe entgegengesetzt) bedingten keine Dividendenermäßigung.

Werden nun in der Tat gleichbleibende Dividenden ausgeschüttet, so werden auch große Kursschwankungen, die auf den Dividendenschwankungen basieren, verringert, wenn nicht ausgeschaltet. Ein Faktor gelangt in die Kursbildung, der ziemlich sicher vorher bestimmbar ist und auf eine ähnlich beständige Kursbildung wie bei den festverzinslichen Werten hinzielen kann[1].

II. Der Einfluß des Geld- und Kapitalmarkts.

1. Die Zinssätze am Geldmarkt.

(Privatdiskont, Reichsbankdiskont, private Geldgeber.)

Verschiedentlich sind im Verlaufe der systematischen Ausführungen die Verhältnisse am Geldmarkt gestreift worden. Es ist z. B. darauf hingewiesen[2], daß der landesübliche Zinssatz bei der Berücksichtigung des Ertragswerts einer Aktie bei der Kursbestimmung zur Kapitalisierung der Dividende vergleichsweise herangezogen wird. Es ist ferner der Einfluß bei der Besprechung der Kredite, die der Börsenspekulation gewährt werden, gezeigt[3], der hinsichtlich der für Leihgeld gestellten Zinsforderungen davon auf die Börsenpreisbildung ausgeht.

Für eine Untersuchung über die Einwirkungen der jeweiligen Gestaltung des Geldmarkts, d. h. des Marktes für die Gewährung kurzfristiger Kredite, sind also an den verschiedenen Stellen der Arbeit dem Zusammenhang gemäß die Grundlagen bezüglich der Art gegeben; es bleiben noch die Kennzeichen, durch die sich dieser Faktor der Kursbildung letzten Endes darstellen läßt.

Den „empfindlichsten Gradmesser für die Veränderungen auf dem Geldmarkt" hat Prion vor dem Kriege den Privatdiskontsatz ge-

---

[1] Vgl. Prion: Preisbildung S. 200, H. d. St. W. S. 1071. [2] S. 39 ff. [3] S. 16.

nannt[1]. Dieser hat aber durch das völlige Aufhören des bevorzugten Handels in Bankakzepten während der Kriegs- und Nachkriegsjahre eine so tiefgehende Wandlung erfahren, daß er erst langsam eine solche Bezeichnung wieder rechtfertigen muß. Da nämlich die Möglichkeit einer Rediskontierung der Wechsel bei der Reichsbank als der Zentralnotenbank dem Privatdiskontmarkt einen Rückhalt geben muß, konnte erst durch ihre Zusage, die Privatdiskonten nicht auf die durch das Vorgehen vom 7. April 1924 eingeschränkte Kredithöhe anzurechnen, allmählich der Handel aufgenommen werden. So entwickelte sich der Markt in den Akzepten der Großbanken und der ihnen im Rang am nächsten stehenden Privatbankhäuser seit dem Jahre 1925 in dem begrenzten Umfang, der durch die Vereinbarungen mit der Reichsbank bedingt wurde[2]. Er ist um vieles enger und die Reichsbank hat auf ihm eine weitaus führende Stellung inne. Sie ist häufig nahezu einzige Käuferin, wenn auch nur kommissionsweise für die Golddiskontbank und die öffentlichen Fonds, und hat daher maßgeblichen Einfluß auf die jeweilige Höhe des Satzes. Diese Tatsache erklärt das große Interesse, das auch die keineswegs unmittelbar am Privatdiskontmarkt beteiligten Börsenbesucher an dessen Gestaltung haben. Man weiß zwar, daß die Reichsbank in der Regel den Satz nicht über den offiziellen Diskontsatz hinausgehen lassen wird und daß demnach die Preisbildung am Privatdiskontmarkt als recht künstlich angesehen werden muß; man glaubt aber seiner Bewegung Hinweise auf die kommende Gestaltung der Geldverhältnisse entnehmen und aus ihr Schlüsse auf die Diskontpolitik der Reichsbank ziehen zu können[3].

Jedoch auch dieser Reichsbankdiskontsatz hat für die Kursbildung am Aktienmarkt nicht seine frühere[4] Bedeutung behalten. Seine Entwicklung wird durch folgende Übersicht verdeutlicht[5].

Tag der Diskontänderung	Diskontsatz in vH
29. 12. 1923	10
26. 2. 1925	9
12. 1. 1926	8
27. 3. 1926	7
7. 6. 1926	$6^1/_2$
6. 7. 1926	6
11. 1. 1927	5
10. 6. 1927	6
4. 10. 1927	7
11. 1. 1929	$6^1/_2$
25. 4. 1929	$7^1/_2$

[1] Preisbildung S. 111/2. [2] Bankwissenschaft 1925/26, S. 56/9 und 969/74.
[3] VZ. 10. 7. 1927 und 21. 1. 1928. [4] Prion: Preisbildung S. 112—113.
[5] Aus den Verwaltungsberichten.

Der Reichsbankdiskontsatz hat während längerer Abschnitte der beobachteten Zeitspanne die Fühlung mit den Sätzen verloren, die am offenen Markt verlangt und gezahlt wurden.

Man denke an das Jahr 1924, als die Reichsbank mit den Mitteln der Diskontpolitik allein nicht Herr der Lage werden und die Gefahr, die aus einer zu entgegenkommenden Kreditgewährung entstanden war, dadurch nicht bannen konnte. Sie mußte auf einmal jede weitere Kreditgewährung ablehnen, und die Wirtschaft erhielt von ihr zur offiziellen Bankrate nur Kredite in der Höhe bewilligt, die sie schon vordem gehabt hatte. Wollte man an der Börse Leihgeld haben, mußte man viel höhere Sätze zahlen. Die Nachfrage nach Kredit konnte erst etwa 1925 durch den damaligen Satz von 10% im Zaume gehalten werden[1]. Das Jahr 1926 wurde dann das Jahr der Diskontermäßigungen, die durch die Auslandskredite und die wachsende Kapitalbildung im Inland hervorgerufen wurden. Die Reichsbank hat während des Abbaus des Diskonts von 9% auf 6% vielfach den Satz schon dann ermäßigt, wenn die Entwicklung des Geldmarkts an sich noch nicht so vorgeschritten war, sie hat diese vielmehr durch ihre Maßnahmen erst entscheidend beeinflußt[2]. Inzwischen galt aber naturgemäß für Börsenleihgeld noch der alte Satz. Die Zinssätze, die für kurzfristige Gelder gegeben wurden, lagen weiter um die Jahreswende 1926—1927 hoch genug, um ausländische Geldgeber anzulocken. Dieser Zustrom, der den Aktienmarkt mehr als erwünscht belebte, mußte endlich eingedämmt[3] und der Geldmarkt verknappt werden. Die Reichsbank setzte im Januar 1927 ihren Diskontsatz noch 1% bis auf 5% herunter. Der Markt wurde tatsächlich verknappt; indem aber die Reichsbank fünf Monate diesen Diskont hielt, erreichte sie ihr Ziel vielleicht mehr als beabsichtigt[4]. Prestigerücksichten infolge der Begebung der 5%igen Reichsanleihe erschwerten vorerst eine Rückkehr zu einem höheren Diskont, der sich mit Rücksicht auf die Devisenlage der Bank immer mehr als notwendig herausstellte. Die Erhöhung rief nicht, wie eigentlich zu erwarten, einen Kursrückgang an der Wertpapierbörse hervor, denn sie war schon vorweggenommen und holte eine längst spruchreif gewordene Entwicklung — an der Börse zahlte man bereits höhere Sätze — nur noch äußerlich nach. Zum Herbst folgte eine neue Steigerung der Bankrate, die ebenfalls nur den Tatsachen Rechnung trug und den vorangeeilten Sätzen am Markt sich anschloß. — Die kürzlich erfolgte Änderung des Diskonts braucht in diesem Zusammenhang nicht erörtert zu werden, da sie wesentlich aus Gründen der Devisenbilanz zum Schutz der Währung vorgenommen worden ist.

---

[1] Prion: Geldmarktlage und Reichsbankpolitik, S. 32.
[2] Prion: Geldmarktlage und Reichsbankpolitik, S. 32.
[3] Verwaltungsbericht der Reichsbank 1927. [4] BT. 7. 3. 1927.

Die Geldsätze am offenen Markt stehen augenblicklich mit ihm in Einklang.

An die Stelle von Privat- und Reichsbankdiskontsatz scheinen also vielmehr im Hinblick auf die Einwirkungen auf die Aktienkursbildung die Sätze getreten zu sein, die die privaten Geldgeber für Börsengeld, besonders für Ultimo- und Reportgeld fordern. Immerhin ist nicht zu verkennen, daß sich ihre Grundlage oft wiederum nach dem Reichsbankdiskont richtet. Im großen und ganzen ist ihre Höhe maßgebend für die Verfassung am Geldmarkt.

2. Die Lage des Kapitalmarkts.

Die Rückwirkungen einer Flüssigkeit oder Versteifung des Kapitalmarkts, d. h. des Marktes für langfristige Gelder, auf die Wertpapierbörse und insbesondere auf die Kursbildung der Aktien sind nach den allgemeinen Regeln von Angebot und Nachfrage zu beurteilen, so daß das Verhältnis dieses Faktors zur Kursbildung auch nach der Stabilisierung im wesentlichen unverändert geblieben sein muß. Daher erübrigt es sich, nähere Einzelheiten hier darzulegen[1].

Über die zahlenmäßige Beanspruchung des Kapitalmarkts durch die Aktienemissionen sei folgendes gesagt.

Umfangreicher denn je war in den Jahren der Inflation seitens der Banken die Begebung von neuen und jungen Aktien, die beim Publikum der — oft auch nur vermuteten — „Sachwerte" wegen begierigen Absatz gefunden haben. Die Zahl der Aktiengesellschaften nahm rasch zu, damit natürlich auch die Inanspruchnahme des Kapitalmarkts. Alle neu geschaffenen Aktien sind immerhin nicht hierher zu rechnen, denn ein beträchtlicher Teil entstammte Umwandlungen von Privatunternehmungen in Aktiengesellschaften und diente zur Abgeltung der Einbringung der Sacheinlagen. Es handelte sich also dabei nicht um eine tatsächliche wirtschaftliche Ausdehnung, sondern es war mehr der Ausdruck für die Zerrüttung der wirtschaftlichen Grundlagen und lediglich eine Änderung der Unternehmungsform, die zum Zwecke der Kapitalbeschaffung herbeigeführt wurde. (Vgl. im übrigen umstehende Tabelle [2].)

Hier mußte nach der Stabilisierung eine rückläufige Bewegung einsetzen, denn die Kapitaldecke war zu klein und die Neubildung von Sparkapital noch zu langsam, um allen diesen Interessen Schutz zu gewähren. Der Kapitalmarkt stieß sogleich mit Beginn der Deflationskrise überaus zahlreiche dieser Werte ab; das Überangebot am Aktien-

---

[1] Vgl. bei Prion: Preisbildung S. 113—114, H. d. St. W., S. 1070.

[2] Stat. Jahrb. f. d. Dt. Reich 1923—1928; für 1928 Wirtschaft und Statistik 1929, S. 169 ff.

Jahresende	Reichsgebiet	Tätige Aktien-gesellschaften		Nominalkapital in Milliarden Mark
1913	altes	5 486		17,4
„	neues	5 139		16,5
1923	„ *	16 368		—
			darunter nach erfolgter Gold-umstellung	Nominalkapital in Milliarden Reichsmark
1924	„ *	17 074	(3 308)	(3,3)
1925	„ *	14 978	13 010	19,1
1926	„ *	13 571	12 343	20,7
1927	„ *	12 403	11 966	21,5
1928	„ *	11 842	11 690	22,9

* ohne Saargebiet; die Gesellschaften mit dem auf Francs umgestellten Kapital sind unberücksichtigt geblieben.

markt und die ihm folgende beträchtliche Verminderung der Aktienkurse sind hierfür der Beweis[1].

Ein weiterer Rückgang der Anzahl der Gesellschaften mit einem gleichzeitigen Zugang an Kapital ist das Kennzeichen der gesamten letzten Jahre. Diese Entwicklung wird allerdings noch besonders durch die Konzentrationsbewegung in der deutschen Wirtschaft gestärkt. In diesem Sinne bedeutet die Erhöhung des Gesamtnennwertes des Kapitals der Aktiengesellschaften noch nicht immer eine Erhöhung des tatsächlichen Sachkapitals. Erstens wird Kapital infolge der Verflechtung bei der Gruppenbildung gebunden, wobei Doppelzählungen sich nicht vermeiden lassen, und zweitens werden häufig mehrfach Effekten für die gleichen Werte in Verfolg des Grundsatzes der Wertpapiersubstitution begeben. Besonders sei hier an die Vereinigte Stahlwerke A.-G. mit einem Aktienkapital von 800 Millionen RM. erinnert, bei der die Gründergesellschaften weiter bestehen geblieben sind.

Nach der Stabilisierung der deutschen Währung wirkte sich in zunehmenden Maße die Beteiligung des ausländischen Kapitals am deutschen Wertpapiermarkt aus. Deutschland, im Frieden ein kapitalausführendes Land, war infolge des verlorenen Krieges und des Friedensdiktates auf die Kapitaleinfuhr angewiesen. Mit der Kreditgewährung an die Industrie wuchs das Interesse des Auslandes an den Aktien der betreffenden Unternehmungen. Es ist als Folge dieser Wiedereingliederung in die Weltwirtschaft festzustellen, daß außer dem innerdeutschen Verhältnis von Angebot und Nachfrage am Markt der lang-

[1] FZ. 23. 2. 1924.

fristigen Gelder das an den maßgebenden internationalen Plätzen verfügbare Anlage suchende Kapital bzw. dort erforderlich werdende Erleichterungsverkäufe Faktoren für die Aktienkursbildung an den deutschen Wertpapierbörsen geworden sind.

III. Die Lage und Entwicklung von Handel und Industrie.

1. Die wirtschaftliche Lage.

Es bleibt nun noch der wirtschaftliche Faktor der Aktienkursbildung im engeren Sinne: die wirtschaftliche Lage und Entwicklung von Handel und Industrie, für die sich die Teilnehmer am Börsengeschäft interessieren müssen, um Schätzungen über den Ertragswert der Aktie schon vor der Dividendenerklärung der Gesellschaften anstellen und im Kurs berücksichtigen zu können. Es ist demnach selbstverständlich kaum denkbar, daß eine verschiedene Einstellung zu den Dingen vor und im Verlaufe der von diesen Ausführungen umfaßten Zeit Platz greifen kann.

Schwierigkeiten liegen hier hauptsächlich in zwei Umständen. Die Verwaltungen der industriellen Gesellschaften haben sich sehr zum Nachteil einer geordneten, stetigen Kursentwicklung vielfach die Taktik des Schweigens angewöhnt. Besonders die — wie man zu sagen pflegt: aus geschäftspolitischen Gründen erfolgende — Geheimhaltungspolitik des I. G. Farbenindustrie-Konzerns, bei dem zeitweise kein Tag vergangen ist, ohne daß ihm diese oder jene Pläne und Kaufabsichten nachgesagt oder auch bloß nachgedichtet worden sind, hat dadurch ständig die Spekulation zu Übertreibungen verleitet. Der ganze Aktienmarkt ist oft in unberechtigtem Ausmaß davon angesteckt und mitgezogen worden[1].

In zweiter Linie mag die in dem letzten Jahrzehnt in der Schwerindustrie stark in den Vordergrund getretene und gesetzlich festgelegte Preisfestsetzung nach gemeinwirtschaftlichen Gesichtspunkten Vergleichsschwierigkeiten zu der früheren ungebundenen Preisbildung auf dem betreffenden Markt bieten; denn sie verändert — ebenso wie die neuerdings schon zuweilen planmäßig betriebene Konjunkturpolitik — die Einwirkungen des Kreislaufes der Wirtschaftskonjunktur auf den Absatz, überhaupt die gesamte wirtschaftliche Lage des fraglichen Geschäftszweiges. Sie verändert aber nicht die Möglichkeit, wie früher das erwartete Erträgnis der Erzeugung und die daraus erwartete — und tatsächlich erfolgende — Dividendenausschüttung als den Ausdruck für die wirtschaftliche Lage der Unternehmungen zu werten. In der Regel läßt sich die Parallele zwischen Warenmarkt und Effektenmarkt ziehen mit dem besonderen Hinweis darauf, daß die Preisbewegung am Effekten-

[1] FZ. 22. 6. 1926 und 4. 11. 1926.

markt der des Warenmarkts normalerweise vorangeht. Dies zeigt auch deutlich das Schema des Harvard-Instituts (wenigstens bis etwa 1923) als auch dasjenige des deutschen Instituts für Konjunkturforschung[1].

2. Wirtschafts-organisatorische Bindungen.

Das eben Gesagte führt erneut den Zusammenhang vor Augen, der zwischen der Aktienkursbildung und der wirtschaftlichen Lage und Ertragsfähigkeit des betreffenden Unternehmens besteht; es läßt auch von dieser Seite aus verständlich werden, was wir in diesem Abschnitt weiter oben[2] bei der Besprechung der Dividendenpolitik dargelegt haben, nämlich wie sehr das Erzielen gleichmäßiger Gewinnerträgnisse und eine gewisse Beständigkeit der ausgeschütteten Dividenden eine gleichförmigere Bewegung der Aktienkurse begünstigt. Ebendahin, aber nicht von der rechnerischen Berichtigung (oder Verschleierung) des Gewinn- und Verlustkontos aus, sondern von der wirtschaftlichen Betätigung des Unternehmens aus, gehen die Bestrebungen, die vermittelst der Organisationsformen der Kartelle, Syndikate usw. auf Herbeiführung einer gleichmäßigen Beschäftigung bei möglichst gleichmäßigen, lohnenden Preisen abzielen[3].

Solche wirtschafts-organisatorischen Bindungen sind sowohl in nationaler als auch in internationaler Hinsicht zu verzeichnen.

Bei derartigen national-deutschen Bindungen ist seit der Zeit nach der Stabilisierung eine eigentümliche Wandlung der Formen zu beobachten[4]. Trotz einer dem Wesen nach notwendig horizontalen Kartellierung ist nämlich der Aufbau eines jeden eigentlichen Inflationskonzerns im Interesse der Rohstoffsicherung vertikal gewesen, soweit nicht überhaupt nur finanzpolitische Beweggründe für den Zusammenkauf maßgebend gewesen sind. Zugehörigkeit zu Kartellen und Zugehörigkeit zum Konzern haben sich vielfach überschnitten. Diese Formen treten mit der größeren Sicherheit des Marktes nach der Währungsstabilisierung (die ja auch gleichzeitig eine Befestigung der gesamten wirtschaftlichen und innerpolitischen Verhältnisse bedeutet hat) zurück, und die Notwendigkeit, alles daran zu setzen, um die Wettbewerbsfähigkeit zu beweisen, stellt neue Aufgaben. Man wählt Formen des Zusammenschlusses, die zugleich den Nutzen des Großbetriebs und des Spezialbetriebs bieten, und gelangt dadurch zu vorwiegend horizontal eingestellten Bildungen, bei denen häufig die Übereinstimmung der Richtung von Kartell und Konzern Wegbereiter der Verschmelzung geworden ist. Ein Stück der eigenen Selbständigkeit geht stets mit kartellmäßiger

---

[1] Viertelj.-H. z. Konj.-Forschung 1927, H. 1, S. 122—123.

[2] S. 45/46. [3] Vgl. hierzu Prion: Preisbildung S. 125—126.

[4] Vgl. Einzelschriften zur Stat. d. Dt. Reichs Nr. 1, a. a. O. S. 4, Ufermann: a. a. O. S. 3 ff., Spezial-Archiv: a. a. O. S. 7.

Bindung verloren, aber die Konjunkturschwankungen werden für das einzelne Glied weniger fühlbar, das Erträgnis beständiger.

Die Bindungen, wie wir sie oben schilderten, sind jedoch leicht in ihren Erfolgen beeinträchtigt, wenn fremdländische Kartell-Ausfuhrpolitik, besonders das nicht etwa vereinzelt ausgeübte Dumping, sie durchkreuzt. So fing man schon vor dem Kriege wesentlich aus rein kaufmännischen Überlegungen an zu verstehen, daß internationale Verständigung der Produzenten der einzelnen Länder hier Schäden ausgleichen, Erschütterungen abschwächen und der heimischen Industrie den heimischen Markt als lohnendes Absatzgebiet sicher stellen konnte. Die durch den Krieg zerstörten und nach ihrer Wiederaufnahme von Grund auf veränderten Wirtschaftsbeziehungen, ferner die inzwischen stark ausgeprägte Industrialisierung der Rohstoffländer und die fast überall gegenüberstehende Minderung der Kaufkraft führte bei Absatzstockungen zu einer Verminderung der Rentabilität von Handels- und Industrieunternehmungen und, als man nach Auswegen suchte, erneut zu einem zügellosen Wettbewerb auf dem Weltmarkt, der in großem Umfang nur zu Kampf- und Verlustpreisen, mithin wieder nur bei verringertem Erträgnis möglich war.

Deshalb setzte vor wenigen Jahren, als man einsah, daß bei den sich allgemein in Kapitalarmut und Arbeitslosigkeit zeigenden Folgen des Weltkrieges weiterer unüberlegter Wettbewerb keinem Beteiligten Nutzen, sondern nur noch weitere Schwächung bringen könnte, eine neue internationale Verständigungspolitik ein. Sie hat es sich zum Ziel gesetzt, in gesunder und verantwortungsbewußter Kartelltätigkeit Ordnung in Erzeugung und Absatz bei Förderung des Erträgnisses zu bringen und allen Beteiligten eine gewisse Verzinsung des angelegten Kapitals zu sichern.

An Stelle des freien Wettbewerbs auch zwischen verschiedenen nationalen Erzeugungsgebieten tritt also internationale Verständigung und kartellmäßige Gebundenheit. Sie schließt zusammen mit der nationalen Kartellierung in immer wachsendem Maße Konkurrenten vom garantierten, unbestrittenen Gebiet aus und versetzt die Unternehmungen, deren Monopolstellung nunmehr immer gesicherter wird, in höchstem Grade in die Lage, mit einem festen, gleichmäßigen Mindestabsatz und dementsprechend, infolge des Verzichts auf einen Teil ihres selbständigen Handelns, auch mit einer beständigen Rentabilität rechnen zu können.

Je mehr die Bewegung an Ausdehnung gewinnt, desto mehr wird die Ertragsfähigkeit eines ganzen Gewerbezweiges auf eine andere Grundlage als früher gestellt und desto mehr die Aktiendividende dem Rentencharakter angeglichen[1], womit wiederum Grund zu einer Verminderung der Kursschwankungen in den Aktien einer derartig kartellierten Gesellschaft gelegt wird.

---

[1] Magazin der Wirtschaft 1927, S. 778.

D. Zusammenfassung der in der Darstellung gewonnenen Ergebnisse und Vergleich der jetzigen Aktienkursbildung mit derjenigen der Vorkriegszeit.

Zum Abschluß dieses Teiles bleibt uns die Aufgabe, die gewonnenen Ergebnisse unserer Betrachtungen über die persönlichen, die börsentechnischen und die wirtschaftlichen Faktoren der Aktienkursbildung seit der Stabilisierung zusammenzufassen. Es ist dabei an Hand des Tatsachenmaterials, das in der vorliegenden Beobachtungszeit gesammelt ist, in einer Gesamtübersicht festzustellen, wie die Entwicklung der letzten Jahre vor sich gegangen ist und wie weit die jetzige Aktienkursbildung in ihren maßgebenden Faktoren infolgedessen mit derjenigen der Vorkriegszeit übereinstimmt bzw. von ihr abweicht. Gegebenenfalls, wenn Prion schon 1910 für die damals zurückliegenden 25 Jahre, also über die Zeit der Börsengesetzgebung von 1896 und des Erlasses der Börsengesetz-Novelle von 1908 sich erstreckend, gewisse Entwicklungslinien gekennzeichnet hat, wäre es eine Vervollkommnung dieses Überblicks, festzustellen, ob und inwiefern sie sich fortgesetzt haben. Hierbei ergibt es sich von selbst, daß für einen derartigen Vergleich solche Erscheinungen während der Kriegs- und Inflationsjahre auszuscheiden sind, die unter dem Einfluß von Faktoren gestanden haben, die einen nur durch die äußeren Zeitverhältnisse bedingten Charakter aufwiesen.

Bei den an der Börsenpreisbildung beteiligten Personen ist zunächst hervorzuheben, daß im Bankgewerbe die allgemeinen Entwicklungslinien, die schon um die Jahrhundertwende zu wirken begonnen haben, sich fortgesetzt haben. Die ihrem ganzen Wesen nach dem jetzigen Aufbau der Wirtschaft mehr als die Privatbankiers entsprechenden Aktienbanken haben, obwohl gewisse Erscheinungen einer Stärkung bei jenen zu erkennen waren, weiter ihren Anteil in bank- und börsengeschäftlicher Betätigung zu Lasten der privaten Bankfirmen unter nie geahntem Ausdehnungsdrang zu mehren gewußt. Die Tatsache, daß in wachsendem Maße mehrere bisher selbständige Unternehmungen zu einer einzigen zusammengefaßt und kleinere Firmen in bestehende größere eingegliedert worden sind, ist von maßgeblichem Einfluß auf den Umfang der Wertpapierkauf- und -verkaufsaufträge; denn die nunmehr vorhandene Gelegenheit zur Ausgleichung der von der Kundschaft eingelaufenen Aufträge wird zuvor in den Börsenbüros der Banken ausgenützt, und diese gelangen erst an Zahl stark verringert an die Wertpapierbörse. Es scheint deshalb nicht außerhalb des Bereichs der Möglichkeit zu liegen, daß aus dieser Entwicklungsrichtung der Aktiengroßbanken und aus ihrer Beeinflussung der Kursbildung heraus die Form der Börsenorganisation, wie sie jetzt vor uns liegt, einer anderen wird weichen müssen. Es muß ebenso, selbst noch unter der heutigen Organisationsform des Börsenwesens, fraglich erscheinen, ob sich noch Provinzbörsen in einer nur einigermaßen bedeutenden Stellung infolge des weitverzweigten Niederlassungs- und Wechselstubennetzes der deutschen Großbanken neben der Berliner Börse als der Hauptbörse auf die Dauer werden halten können oder ob nicht diese ihren Geschäftskreis, abgesehen von den Papieren ausschließlich örtlichen Interesses, an die Hauptbörse des Reichs, die Berliner Börse, verlieren werden.

Die unmittelbare Beeinflussung der Kursbildung durch die Banken und Bankiers, die sich in ihrer Emissions- und Interventionspraxis sowie in der Gewährung von Spekulationskrediten äußert, hat in ihren Faktoren in der untersuchten Zeitspanne keinen wesentlichen Veränderungen unterlegen. Mehr und mehr kann verzeichnet werden, daß die Großbanken ihre hervorragende Stellung in der heimischen Kreditwirtschaft erkennen und sich von allgemeinen wirtschaftlichen Erwägungen leiten lassen, unter denen sie oft Bank- und Börsengeschäfte zurückstellen, die ihnen privatwirtschaftlich Nutzen abwerfen könnten.

Auf der Gegenseite der Banken, bei den Kapitalisten, ist festzustellen, daß der Markt der festverzinslichen Rentenwerte nach der Stabilisierung noch nicht wieder seine frühere Bedeutung als Anlagemarkt zurückerlangt hat. Deshalb ist eine Abwanderung an den Aktienmarkt erfolgt, die Anlaß zu erhöhter Nachfrage geboten hat, aber auf der anderen Seite hat der Ausfall fast der gesamten Rentnerschicht den Kreis der Aktienkäufer verringert.

Ferner ist ein neuer einflußreicher Faktor in das Börsengeschäft und in die Aktienkursbildung gelangt, die Käufe von Unternehmern zum Zwecke der wirtschaftlichen Zusammenfassung verschiedener Gesellschaften. In doppelter Hinsicht wirkt er bei den Haussen kurstreibend: erstens die sich jetzt, abweichend von früher, am Aktienmarkt der Börse auswirkende, auf ziemlich kurze Zeit beschränkende starke Nachfrage nach den Aktien bestimmter Unternehmungen anläßlich dieser Interessenkäufe und zweitens der durch dieses Zurückhalten der Aktienposten in den Beteiligungsportefeuilles hervorgerufene Stückemangel, der unter sonst gleichen Voraussetzungen ein Steigen der Kurse herbeiführt. Eben dieser Umstand vermindert bei einer Abwärtsbewegung plötzliche Kurszusammenbrüche, da diese Papiere in festen Händen liegen und nicht, von Kreditkündigungen beeinträchtigt, um jeden Preis verkauft zu werden brauchen, um flüssige Mittel zu erhalten.

Währungswirrnisse, die nach der Stabilisierung der deutschen Mark und der in den neuen Bank- und Münzgesetzen vom 30. August 1924 erfolgten Verankerung der neuen Reichsmark-Währung auch noch als Ausfluß der europäischen Währungskrisen der Nachkriegszeit vom Ausland her zeitweise auf gar manchen Teil des Wertpapiermarkts tonangebend einwirken konnten, scheinen jetzt im allgemeinen einer Festigung der Lage Platz gemacht zu haben; dieser Faktor würde mithin die längste Zeit die Aktienkursbildung an den deutschen Börsen beeinflußt haben.

Schließlich die Spekulanten. Im allgemeinen kann hier eine grundlegende Verbreiterung in ihrer Teilnahme am Geschäftskreis der Börse gegenüber der Vorkriegszeit festgestellt werden, soweit sie für eine Einflußnahme auf die Kursbildung am Aktienmarkt in Betracht kommen. Besonders hat, nicht zuletzt als Folge der zahlreichen Veränderungen im Aufbau der deutschen Industrie, der Einfluß der Spekulationen der sog. Eingeweihten, der Industriellen, zugenommen, denen es ihre Stellung gestattet, die nur einem beschränkten Kreis zur Kenntnis zugänglichen inneren Vorgänge bei den Gesellschaften und den großen Zusammenschlüssen der Industrie zu überblicken, und die dadurch, daß sie sie mit eigenen Effektengeschäften ausnützen, der Kursbildung die Richtung weisen.

Fassen wir nunmehr die Betrachtungen über die sich aus der jeweiligen Gestaltung der inneren Börsenzustände ergebenden Faktoren zusammen, so ist zu sagen, daß außer dem Hinzutritt der fortlaufenden Notierungen in den amtlichen Börsenverkehr die Geschäftsformen selbst ziemlich unverändert geblieben sind. Die Verknappung des umlaufenden Effektenmaterials, deren Wirkungen auf die Kursbildung oben bei den Interessenkäufen dargelegt sind, ist besonders auffallend.

Das über die wirtschaftlichen Faktoren der Kursbildung Gesagte läßt wiederum eine Reihe bedeutsamer Umgestaltungen erkennen.

Zwar sind bei der Schätzung des inneren Wertes der Aktien die Klagen über die Mängel der Bilanzen als Grundlage für die Abschätzung des Liquidationswertes heute ebenso lebhaft wie ehedem (oder auch durch die ständig nachhaltigere Befassung mit den Bilanzen in der Presse und die dadurch gewonnene allgemeinere Aufklärung noch etwas lebhafter), aber die andere Wurzel des inneren Wertes, die Berechnung des Ertragswertes, hat ihre Bedeutung eingebüßt und ist bei der Börsenpreisbildung ziemlich einflußlos geworden. Die Verzinsung einer Anlage in Dividendenpapieren ist erst langsam in der letzten Zeit im Begriff, sich derjenigen in festverzinslichen Werten anzupassen; die Entwicklung ist noch im Gange, so daß sich augenblicklich kein endgültiges Urteil fällen läßt, hat aber gerade seit dem Jahre 1927 beträchtliche Fortschritte gemacht. Wo überhaupt Dividenden ausgeschüttet werden, liegt zweifellos mehr noch als früher das Bestreben vor, sie beständig zu halten und damit die Hauptquelle aller großen Kursschwankungen nach Möglichkeit auszuschalten.

Die Einräumung übertriebener Mehrstimmrechte an Vorzugsaktionäre, die durch die Gelegenheit eines besonderen Einflusses bei wichtigen Generalversammlungsentscheidungen den Wert der Stammaktien des Unternehmens zu beeinträchtigen geeignet sind, ist in rückläufiger Bewegung. Vorkriegsmäßige Verhältnisse sind hier noch nicht wieder erreicht; man wird noch lange die Kursbildung von diesem Faktor beeinflußt sehen.

Für die Beziehungen des Geld- und Kapitalmarkts zu der Kursbildung am Aktienmarkt ist grundsätzlich die allgemeine Lage am Geld- und Kapitalmarkt maßgebend, und zwar wirken Verknappung und Flüssigkeit unter dem üblichen Ausfluß des Verhältnisses von Angebot und Nachfrage, so daß die Einflüsse auf den Wertpapiermarkt die gleichen wie früher sind. Nur der Gradmesser, der sie angibt, ist verändert, denn sowohl der Privatdiskontsatz als auch der Reichsbankdiskontsatz sind in ihrer früheren Geltung geschmälert.

Was nun zuletzt die Einwirkungen der allgemeinen wirtschaftlichen Lage und der Entwicklung von Handel und Industrie auf die Kursbildung am Aktienmarkt anbetrifft, so ist schon oben ausführlich auseinandergesetzt worden, daß die Bewegung zum Übergang von der Freiheit zur national- und international-kartellmäßigen Gebundenheit des Handelns sich sehr verstärkt hat. Mit der Nivellierung der Erzeugungs- und Absatzbedingungen haben sich beständige Gewinnerträgnisse, verbunden mit einer beständigen Dividendenausschüttung an die Aktionäre der Gesellschaften, als eine Grundlage ruhiger, gleichförmigerer Preisgestaltung, wenigstens bei den guten Unternehmungen, entwickelt.

Zweiter Teil.

Die Kursbewegung ausgewählter Aktien.

I. Vorbemerkungen.

Nachdem in dem systematischen (1.) Teil der Einfluß der einzelnen Faktoren auf das Auf und Ab der Kursbewegung dargestellt ist, ist nunmehr in chronologischer Folge zu zeigen, wie sich die Börsenlage jeweilig in den letzten Jahren gestaltet hat.

Einen, wenn auch in seinem Erkenntniswert eingeschränkten Maßstab bietet hierfür die vom Statistischen Reichsamt fortlaufend errechnete durchschnittliche Höhe der Aktienkurse. Es handelt sich hierbei nicht um alle an der Berliner Börse gehandelten Aktien, sondern nur um eine Auswahl von 329 Werten[1]. Dies dürfte, obwohl im statistischen Sinne bloß Teilerhebung, zur Verfolgung des zeitlichen Verlaufs an Stelle einer umständlicheren umfassenden Erhebung hinreichend sein. Nachteilig ist allerdings noch bei jeder derartigen Berechnungsart, daß die Höhe der Börsenumsätze unbekannt ist; denn so sieht ein Kurs, dem ein Umsatz von einigen Tausend Reichsmark zugrunde liegt, ebenso aus wie ein Umsatz bei einigen Millionen Reichsmark[2].

Dieser durchschnittliche Kursstand bezieht sich auf den Nennwert der Papiere, der gleich 100 gesetzt ist. Obwohl jedoch dieser nur die Stückelung der gesamten Aktien eines Unternehmens bezweckt, während die einzelne Aktie unter Wahrung ihrer Identität nach außen ihre innere Eigenschaft als Anteil an einem lebenden Unternehmen, wie schon gezeigt, beständig verändert[3], so wird man trotzdem hiervon absehen und sich mit den so erzielten Durchschnittsziffern begnügen können, wenn der Überblick über die Entwicklungsrichtung der Preise dasjenige ist, was interessiert.

Die so errechnete Zahlenreihe, die weiter unten folgt, zeigt den hohen Grad, in dem die Kurve sowohl nach oben als auch nach unten ausschlägt. Dabei ist außerdem eben aus der Natur eines für einen Monat berechneten Durchschnitts heraus der Erkenntniswert dadurch gemindert, daß die Schwankungen schon weitgehend ausgeglichen sind. Deshalb sind auch später, wenn Einzelheiten der Kursbildung an Hand

---

[1] Für 1924 bis 1927 neu berechnet in Wirtschaft und Statistik 1928, S. 594, 1928 und 1929 in Wirtschaft und Statistik 1929, S. 60 und später.

[2] F. Schmidt: a. a. O. S. 384. [3] Schneider: Börsenindices, ihr Erkenntniswert. In: Bankwissenschaft 1927/8, S. 404.

von ausgewählten Aktien[1] zu betrachten sind, zwar die Indizes zum Vergleich herangezogen, im einzelnen aber die monatlichen Höchst- und Niedrigst-Kurse als Spanne des Ausschlags zugrunde gelegt (um nicht mit der Angabe der täglichen Kurse das Bild unnötig zu belasten).

Die amtliche Berechnung umfaßt den durchschnittlichen Kursstand der Bergbau- und Schwerindustrie-Aktien, der Aktien der verarbeitenden Industrie und der Aktien der Handels- und Verkehrs-Gesellschaften, sodann diese drei zu einer Gesamtzahl vereinigt.

Diese Gesamtzahl[2] zeigt nun 1924 bis Anfang 1929 folgende Entwicklung:

Monat	1924	1925	1926	1927	1928	1929
Januar	136,07	117,14	71,84	152,15	138,77	138,63
Februar	150,28	113,75	78,94	161,12	135,31	133,58
März	118,51	108,05	83,56	155,95	133,22	132,58
April	85,28	102,74	91,00	164,85	138,70	—
Mai	71,00	95,28	89,71	158,08	142,60	—
Juni	57,79	83,85	95,11	144,49	144,51	—
Juli	59,35	80,74	102,84	148,79	141,21	—
August	84,66	73,65	112,69	146,34	140,62	—
September	84,92	78,05	115,69	140,91	140,87	—
Oktober	80,23	73,61	126,94	137,26	139,11	—
November	84,14	67,04	134,26	124,50	138,76	—
Dezember	97,48	64,41	133,40	131,73	140,48	—

Nach einem plötzlichen Sinken in den ersten Monaten des Jahres 1924, als der Schleier, den die Inflationsverhältnisse über die Dinge geworfen hatten, mehr und mehr gelüftet wurde, nach einem Sinken fast auf den dritten Teil steigen die Kurse in der zweiten Jahreshälfte bis zum Anfang 1925 wieder etwa auf das Doppelte, pendeln einige Monate auf der erreichten Höhe und bröckeln allmählich ab, um bis gegen Ende des Jahres auf neuem Tiefstand in krisenhafter Entwicklung die gesamten Kurserholungen wieder einzubüßen. Ein Kreislauf im konjunkturellen Auf und Nieder ist über die Abschnitte des Tiefstands, des Aufschwungs und der Hochspannung zur Krisis geschlossen[3]. Der zweite Kreislauf nach der Währungsstabilisierung beginnt. Von Anfang 1926 an steigen die Kurse am Aktienmarkt fast ununterbrochen und verdoppeln sich im Verlauf dieses Kalenderjahres. Die Aufwärtsbewegung geht weiter, Höchstkurse werden erreicht. Die Entwicklung biegt aber im Frühjahr 1927 um, und die Kurse sinken nach kurzem, aber

[1] S. S. 61ff. [2] S. S. 58 Anm. 1

[3] Zum Konjunkturverlauf in Deutschland: Viertelj.-Hefte z. Konj.-Forschung 1927, H. 1, S. 122—123.

in seinen Auswirkungen auf den Gesamtstand verhältnismäßig unbedeutenden Pendeln; bis zum Jahresende 1927 verlieren sie etwa ein Viertel des erlangten Standes. Die Entwicklung ist über Tiefstand und Aufschwung bis zur Hochspannung gediehen; ihr Höhepunkt wird bald darauf überschritten[1]. Die Abwärtsbewegung der Aktienkurse setzt sich 1928 indessen nicht fort. Gewisse Ansätze zur Belebung zeigen sich sogar verschiedentlich, gehen jedoch stets bald wieder verloren. Eine neue Abwärtsbewegung setzt Anfang 1929 ein, ohne daß sie bisher größeren Umfang angenommen hat. Soweit sich überhaupt mitten in einer Bewegung Urteile fällen lassen, ist zu sagen, daß der zweite Konjunkturkreislauf sich offenbar nunmehr seinem Ende nähert.

Zwei Aufgaben harren ihrer Erörterung.

Erstens ist der tatsächliche Verlauf der Kursbildung an Hand einiger auszuwählender Aktien im besonderen zu zeigen; zu zweit drängt sich nach einer Untersuchung der Kursbildungsfaktoren unwillkürlich die Frage auf, wieweit jeweilig der Börsenkurs im Rahmen einer „richtigen" Preisbildung geblieben ist.

Vergegenwärtigt man sich die früheren Ausführungen, so wären es an sich zwei Größen, die nach dem Börsengebrauch übereinstimmen müßten, der Börsenkurs und der innere Wert der Papiere, der sich normalerweise hauptsächlich aus der Kapitalisierung der Dividende ergibt[2]. So verschieden die Quellen für die zahlenmäßige Festlegung dieser beiden Größen sind, der Börsenkurs tatsächlich der Preis, für den die Parteien an der Börse das betreffende Wertpapier kaufen und verkaufen, der innere Wert bloß rechnungsmäßig die persönliche Wertschätzung einer Einzelpartei, so hat eine Kritik der Kursbildung früher unter manchem Vorbehalt doch auf einer solchen vergleichenden Darstellung beruhen können; es ist eben (wenn auch nur, wie es verständlich ist, annähernd) möglich gewesen, den inneren Wert rechnerisch zu erfassen[3].

Jetzt liegen aber die Verhältnisse anders. Der Ertragswertberechnung ist noch nicht wieder der Rang hinsichtlich der Preisbestimmung eingeräumt, den sie ehedem innegehabt hat; ihre Vernachlässigung, die von der Dividendenlosigkeit bei den bedeutendsten deutschen Aktiengesellschaften im Anfang der untersuchten Zeitspanne ihren Ausgang genommen hat, dauert an, und selbst bei Gesellschaften, die wirklich schon im Jahre 1924 mit ihren Dividendenzahlungen begonnen haben, sprechen mehr als früher andere Momente mit, als daß ein innerer Wert durch eine irgendwie geartete Kapitalisierung (auch hier größte Zweifel über die Höhe des Zinssatzes) zu erfassen wäre.

---

[1] Viertelj.-Hefte z. Konj.-Forschung 1927, H. 4, S. 7.

[2] Vgl. auch Prion: Preisbildung S. 149.

[3] Prion: Preisbildung S. 149/150

Bei der Durcharbeitung dieser aufgeworfenen Frage, die Verfasser, soweit die kurze Spanne der Beobachtung es überhaupt zugelassen hätte, gern eingehender behandelt hätte, um zu zeigen, ob die verschiedenartigen Einflüsse sich wirklich zu einem einheitlichen Ganzen vereinigen, hat es sich mithin leider ergeben, daß der Boden des vorhandenen Tatsachenmaterials noch zu schwankend ist, als daß eine sichere, begründete Kritik auf ihn aufgebaut werden könnte. Trotzdem soll es andeutungsweise versucht werden, wobei es sich nur darum handeln kann, bei besonderen Ausschlägen in der Kursbewegung mit der Erörterung, ob richtig oder nicht, einzusetzen. Daß es in diesem Sinne nicht beabsichtigt ist, die Kursentwicklung der betreffenden Wertpapiere in voller Ausführlichkeit wiederzugeben, sondern nur bezeichnende Zeiträume, braucht wohl nicht besonders betont zu werden.

In den graphischen Tabellen:

1. Montanwerte,
2. Badische Anilin-Fabrik bzw. I. G. Farbenindustrie,
3. Schiffahrtswerte

sind neben den monatlichen Höchst- und Niedrigstkursen[1] infolgedessen zum Vergleich die Gesamtzahl des fortlaufend vom Statistischen Reichsamt errechneten durchschnittlichen Standes der Aktienkurse sowie die Gruppenzahlen von

Bergbau und Schwerindustrie,
verarbeitender Industrie und
Handel und Verkehr.

eingezeichnet[2].

Die Gesichtspunkte für die Auswahl der Aktien und einige allgemeine Bemerkungen über die betreffenden Gesellschaften sind der Darstellung vorangestellt; ebenfalls sind die Tatsachen, die in den inneren Verhältnissen der Gesellschaften begründet sind, in einigen Tabellen zusammen aufgeführt, um sie bei der fortlaufenden Darstellung ausschalten zu können.

Naheliegend und auch interessant wäre es, die von Prion[3] behandelten sechs Aktien auch weiterhin den Ausführungen zugrunde zu legen; doch scheiden infolge der Umgruppierungen, die inzwischen in der deutschen Volkswirtschaft erfolgt sind, vier Gesellschaften[4] aus:

1. Bochumer Verein für Bergbau und Gußstahlfabri-

---

[1] Die Kurse sind Neumann's Kurs-Tabellen der Berliner Fondsbörse und (für 1929) dem Magazin der Wirtschaft entnommen.

[2] Über die Brauchbarkeit der eingezeichneten Kurslinie als Vergleichsgrundlage und dem Erkenntniswert des durchschnittlichen Aktienkursstandes vgl. S. 58. [3] A. a. O., Zusammenstellung auf S. 148.

[4] Quellen: Saling II: a. a. O., Handbuch der Deutschen Aktien-Gesellschaften a. a. O., Geschäftsberichte, Presse-Notizen Börsenarchiv a. a. O.

kation, Bochum. Nachdem die Generalversammlung vom 27. 3. 1926 die Ermächtigung zur Übertragung des größten Teils der Werksanlagen und Beteiligungen auf die Vereinigte Stahlwerke A.-G. gegeben hatte, stimmte die G.-V. vom 9. 12. 1926 der Verschmelzung und der Übertragung des Vermögens auf die Gelsenkirchener Bergwerks-A.-G. zu. Die Firma ist erloschen.

2. Vereinigte Königs- und Laurahütte, Actien-Gesellschaft für Bergbau und Hüttenbetrieb, Berlin. Infolge des Genfer Spruchs nach der oberschlesischen Volksabstimmung sind nahezu sämtliche Werke der Gesellschaft polnisch geworden und in eine Aktiengesellschaft polnischen Rechts mit einem Aktienkapital von 50 Mill. Zloty eingebracht worden. Die deutsche Gesellschaft, deren Hauptaktivum diese Beteiligung (bei einem eigenen Aktienkapital von 41,67 Millionen RM.) ist, ist also nicht mehr eine deutsche Industriegesellschaft, sondern (in der Hauptsache) die deutsche Holding-Gesellschaft der Aktien einer Aktiengesellschaft polnischen Rechts.

3. Oberschlesische Eisen-Industrie, Actien-Gesellschaft für Bergbau und Hüttenbetrieb, Gleiwitz. Laut Beschluß der Generalversammlung vom 25. September 1925 ist das Vermögen im Wege der Fusion auf die Linke-Hofmann-Lauchhammer A.-G. übertragen. Die Firma ist erloschen.

4. Eschweiler Bergwerksverein, Kohlscheid. Die Umstellung auf Reichsmark ist nach langen Kämpfen mit einer Opposition erst laut Bekanntmachung im Reichsanzeiger vom 1./3. Febr. 1927 erfolgt. Im Zusammenhang mit einem sodann vorgenommenen Umtausch ist das umlaufende Aktienkapital weiter verringert worden; der Großaktionär, die ARBED (Aciéries Réunies de Burbach-Eich-Dudelange, Luxemburg), besitzt nunmehr 91% des Kapitals, so daß von einem wirklichen Markt in den Aktien dieser Gesellschaft (Aktienkapital 22,8 Millionen RM.) kaum noch gesprochen werden kann.

Es bleiben also nur von den genannten Gesellschaften übrig:

1. Gelsenkirchner Bergwerks-Aktien-Gesellschaft, Essen (früher Gelsenkirchen).

2. Rheinische Stahlwerke, Essen (früher Duisburg-Meiderich).

Daneben kommen jetzt neu in Betracht:

3. Vereinigte Stahlwerke Aktiengesellschaft, Düsseldorf als Übernehmerin eines großen Teils der Produktionsanlagen der beiden erstgenannten Gesellschaften (mithin übrigens auch des Bochumer Vereins — oben S. 61, Nr. 1).

4. I. G. Farbenindustrie Aktiengesellschaft, Frankfurt a. M. bzw. ihre Rechtsvorgängerin i. e. S. Badische Anilin- und Soda-Fabrik, Ludwigshafen a. Rh.

5. Hamburg-Amerikanische Packetfahrt-Actien-Gesellschaft, Hamburg.

6. Norddeutscher Lloyd, Bremen.

Für die Wahl der Papiere ist maßgebend gewesen, daß sie im Mittelpunkt des allgemeinen Interesses stehen und einen bedeutenden Platz im gesamten Verkehr der Wertpapierbörse einnehmen. Es handelt sich bei ihnen um führende Großunternehmungen der deutschen Wirtschaft (sämtlich jetzt über 100 Millionen RM. Aktienkapital), so daß weder die Geschäftsführung in ihren Gesamtergebnissen von Zufälligkeiten abhängig ist noch die Kursbildung im einzelnen von solchen beeinflußt werden kann.

Zu bedenken ist allerdings, daß die ausgewählten Industriepapiere nicht einheitlich Gesellschaften desselben Geschäftszweiges, wie z. B. der Bergwerks- und Hüttenindustrie sind, so daß sie also, denselben Konjunkturen unterworfen, gleichlaufend verglichen werden könnten. Aber andererseits darf die Aktie der I. G. Farbenindustrie angesichts ihres hervorragenden Platzes nicht außer Betracht gelassen werden, die als diejenige der größten deutschen privaten Aktiengesellschaft wohl den umfassendsten Markt an den deutschen Wertpapierbörsen hat.

Bei den Industriepapieren ist nun aber in den ersten beiden Geschäftsjahren nach der Markstabilisierung größtenteils eine Dividendenausschüttung unterblieben, beziehungsweise zum Teil nach den Äußerungen der verantwortlichen Leiter der Gesellschaften das frühere Bestreben, eine Beständigkeit der Dividenden oder doch mindestens eine nur allmähliche Bewegung in ihrer Höhe zu erzielen, zu verzeichnen. Die Schwankungen in den Schätzungen des Ertragswertes dieser Aktien sind also nicht groß genug, um sie deswegen zum Spielball der Spekulation zu machen.

In besonderem Grade sind aber die Aktien der großen deutschen Schiffahrtsgesellschaften Gegenstand spekulativer An- und Verkäufe geworden, weshalb hier zwei der ersten Reederei-Papiere miteinbezogen werden sollen. Die besonderen Gründe liegen darin, daß die Gesellschaften im Besitz großer Guthaben in den Vereinigten Staaten von Nord-Amerika waren, die dort während des Krieges beschlagnahmt wurden und derentwegen seit Jahren Verhandlungen bei den gesetzgebenden Körpern wegen Freigabe schwebten, die erst Anfang 1928 mit der Annahme des Freigabe-Gesetzes ihre Erledigung gefunden haben. Da diese Guthaben in den Bilanzen nicht berücksichtigt waren, glaubte die Spekulation nach Erledigung der Formalitäten und den endgültigen Auszahlungen mit einer Heraufsetzung des Aktien-Nennwertes oder gar einer Sonder-Ausschüttung an die Aktionäre rechnen zu können. Diese Papiere sind also, vor allem auf Fragen des Liquidationswertes der Aktien fußend, über den längsten Teil der beobachteten

Zeit hinweg je nach den eintreffenden Nachrichten in besonderem Maße Schwankungen unterworfen worden, die zeitweise zwar von der allgemeinen Linie der Kursbewegung abwichen, aber auch zeitweise Rückwirkungen auf diese ausübten und stimmungsmäßig die anderen Märkte mit sich fortrissen.

Betrachtet man nun die derart ausgewählten Papiere nach der Art ihrer Notierung an der Berliner Börse, so ergibt sich folgende Zusammenstellung[1]:

	Gelsenkirchen	Rheinstahl	Ver. Stahlw.	Bad. Anilin bzw. I.G. Farb.	Hapag	Lloyd
Erste Goldnotierung an der Berliner Börse	24. 9. 25.	2. 5. 25.	Einführung 23. 8. 26.	10. 3. 25. unter I. G. 15. 1. 26.	24. 2. 25.	25. 3. 25.

Art der Notierung an der Berliner Börse:

				Bd. Anilin		
2. 1. 24.	f	f	—	f	f	f
2. 1. 25.	f	f	—	f	f	f
1. 10. 25.	T	T	—	f	T	T
2. 11. 25.	T	T	—	T	T	T
2. 1. 26.	T	T	—	T	T	T
				I.G. Farben		
15. 1. 26.	T	T	—	T	T	T
23. 8. 26.	T	T	K	T	T	T
30. 8. 26.	T	T	f	T	T	T
seit 18. 10. 26.	T	T	T	T	T	T

Es mag demnach auffallen, daß mit nur zwei kleinen vorübergehenden Ausnahmen einheitlich die ausgewählten Papiere zur fortlaufenden Notierung beziehungsweise seit Wiedereinführung des Börsenterminhandels zu diesem zugelassen sind, daß mithin zu den näher zu behandelnden Aktien seit diesem Zeitpunkt keine Kassapapiere mehr gehören. Obwohl die am Terminmarkt gehandelten Aktien ziemlich allein im Vordergrund des andauernden öffentlichen Interesses stehen, eben da sie in der Berichterstattung über die Vorgänge an der Börse (vielleicht über Gebühr) hervorgehoben werden, so könnte mit Recht eingeworfen wer-

[1] Nach: „Amtliches Kursblatt der Berliner Wertpapierbörse."
Stand zu Jahresbeginn und bei Änderungen; hierbei stets Angabe des frühesten Zeitpunktes der neuen Notierungsart.
Abkürzungen: K: nur Einheits-Kassa-Kurs.
f: fortlaufende Notierung der tatsächlichen Umsätze in Abschlüssen von (in der Regel) 6000,— RM. und einem Mehrfachen hiervon.
T: zum Börsenterminhandel zugelassen.

den, daß sie im Verhältnis zu der Zahl der Kassapapiere nur eine kleine Minderheit bilden, und daß ein Einblick in die besonderen Auswirkungen des Einheitskassakurses über die allgemeine Darstellung hinaus bei der getroffenen Auswahl verhindert wird. Wie keinesfalls, entsprechend der für diese Untersuchungen gestellten Aufgabe, der Kassamarkt vernachlässigt worden ist und vernachlässigt werden darf, so ist es aber unter den heute gegebenen Verhältnissen für eine wissenschaftliche Arbeit unmöglich, Kassapapiere für eine Besprechung zu finden, die den oben gestellten Anforderungen[1] gerecht werden. Einerseits ist nämlich in den schweren, kapitalintensiven Gewerbezweigen mit ihrem großen Kapitalbedarf der Zug zum Großbetrieb und zur Großunternehmung besonders ausgeprägt (infolgedessen: ein vergrößertes Interesse, ein vergrößerter Markt und zum mindesten sodann Zulassung zur fortlaufenden Notierung, also Fortfall der Eigenheiten der ausschließlichen Einheitsnotiz). Andererseits ist bei kleineren Unternehmungen schon fast in der Regel ein derart hoher Teil des Aktienkapitals in festen Händen gebunden — darüber ist schon Näheres gesagt —, daß bei der dadurch entstehenden Enge des Marktes die Kursbildung zu mannigfachen Zufälligkeiten unterliegen muß.

Über die Gesellschaften im einzelnen[2] folgendes:

	Gelsenkirchen	Rheinstahl	Ver. Stahlw.	Bad. Anilin bzw. I.G. Farb.	Hapag	Lloyd
Geschäftszweig des Unternehmens	Bergwerks- und Hütten-Industrie			Chemische Industrie	Reederei	
Gründungsjahr	1873	1870	1926	1865/1925	1847	1857
Aktienkapital[3]						
Vorkriegs-Kap. (Mill. M.)	180,—	46,—	—	54,—	180,—	125,—
Vor der Goldumstellung (Mill. M.)	188,—	360,— dann Einziehung v. 40,— 320,—	—	880,—	180,—	800,—
Umstellungsverhältnis	10 : 7	2 : 1	—	5 : 1	10 : 3	25 : 1
Nach der Goldumstellung (Mill. RM.)	131,6	160,—	Gründung 0,060	176,—	54,—	32,—

[1] S. S. 63.

[2] Saling II: a. a. O., Handbuch der Deutschen Aktien-Gesellschaften a. a. O.

[3] Die Angaben des Aktienkapitals beschränken sich, soweit nicht besonders bemerkt, auf die Stammaktien.

	Gelsen-kirchen	Rhein-stahl	Ver. Stahlw.	Bad. Anilin bzw. I.G. Farb.	Hapag	Lloyd
Erhöhungen des Gold-Kap.[1] (Mill. RM.)	118,4	—	799,940	724,—	106,—	128,—
Herabsetzung des Gold-Kap.[1]. . (Mill. RM.)	—	10,—	—	—	—	—
Aktienkapital Ende 1928 . . Stammaktien (Mill. RM.)	250,—	150,—	800,—	900,—	160,—	160,—
Daneben Vorzugsaktien . (Mill. RM.)	13,—	—	—	200,—	1,370	5,—

Die Kapitalsveränderungen der Gesellschaften gestalteten sich, wie nachfolgend zusammengestellt. Sie aufzuführen liegt darin begründet, um besondere, von den Verhältnissen der Gesellschaften ausgehende Einflüsse auf die Kursbildung zu erkennen, besonders bei den Erhöhungen der letzten drei Unternehmungen, die den Aktionären ein Bezugsrecht auf die jungen Aktien gewährten.

Kapitalsveränderungen[2].

a) Herabsetzung. Rheinische Stahlwerke. Beschluß der Generalversammlung vom 22. 2. 1927. Einziehung von 10 Millionen RM. von den noch im Besitz der Gesellschaft befindlichen 35 Millionen RM. Vorratsaktien. Von den restlichen werden 9 Millionen RM. gegen Aktien der I. G. Farbenindustrie ausgetauscht und 16 Millionen RM. zugunsten der Obligations-Inhaber der Wandelanleihe von 1925 gesperrt.

b) Erhöhungen.

Beschluß der General-versammlung vom	Betrag in Millionen RM. (St-A = Stamm-aktien, V-A = Vorzugs-aktien)	Verwendung
	Gelsenkirchner Bergwerks-A.-G.	
9. 12. 1926	118,4 St-A (+ 6,5 V-A)	Zur Durchführung der Verschmelzung mit der Deutsch-Luxemburgischen Bergwerks- und Hütten-Akt.-Ges. und dem Bochumer Verein für Bergbau und Gußstahlfabrikation. Umtausch 1 : 1; Dividende ab 1. 10. 1926.

[1] Näheres nächste Seiten. [2] Saling II; Handbuch d. Dt. Akt.-Ges.

Beschluß der General-versammlung vom	Betrag in Millionen RM. (St-A = Stamm-aktien, V-A = Vorzugs-aktien)	Verwendung
	Vereinigte Stahlwerke A.-G.	
7. 5. 1926	799,940 St-A	Zur Abgeltung für die Einbringung der Sacheinlagen der Gründergesellschaften. (Näheres siehe im Text.) Begeben zu 110%.
Badische Anilin- und Soda-Fabrik bzw. I. G. Farbenindustrie A.-G.		
28. 11. 1925	465,6 St-A + (3,2 V-A)	Zur Durchführung der Verschmelzung mit den Gesellschaften der Interessengemeinschaft der deutschen Teerfarbenfabriken. (Näheres siehe im Text.) Umtausch 1 : 1. Gleichzeitig Beschluß der Namensänderung.
1. 9. 1926	258,4 St-A (+ 195,6 V-A)	[1] 128,32 im Verhältnis 5 : 1 zu 150% den bisherigen Stammaktionären zum Bezug angeboten. 18,33 zum Umtausch 2 : 1 an die Aktionäre der Köln-Rottweil-A.-G. zwecks Fusion. 3,67 Bezugsrecht an bisherige Köln-Rottweil-Aktionäre zu denselben Bedingungen wie an alte I. G.-Farben-Aktionäre. 23,55 Rückstellung für spätere Verschmelzung mit den bisher in Interessengemeinschaft stehenden Dynamit-A.-G. vorm. Alfred Nobel & Co., Hamburg, und Rheinisch-Westfälische Sprengstoff-A.-G., Köln. 4,71 Bezugsrecht an bisherige Dynamit-Nobel- und Sprengstoff-Aktionäre zu denselben Bedingungen wie an alte I. G.-Farben-Aktionäre. 79,82 für etwaige weitere Erfordernisse zur Verfügung der Verwaltung.
	Hamburg-Amerika-Linie.	
28. 3. 1925	(10,—) Ermächtigung zur Erhöhung.	Zur Vergrößerung der Flotte und Stärkung der Betriebsmittel.
2. 8. 1926	10,— 11,— 21,—	Durchführung der Ermächtigung zuzügl. 10,8 Bezugsrecht an bisherige Stammaktionäre im Verhältnis 5 : 1 zu 108%. Halbe Dividende für 1926.

[1] Vgl. hierzu besonders: Magazin der Wirtschaft 1926, S. 1033: Die Kapitalserhöhung des Farbentrusts.

Beschluß der Generalversammlung vom	Betrag in Millionen RM. (St-A = Stammaktien, V-A = Vorzugsaktien)	Verwendung
		10,— zur teilweisen Finanzierung des Harriman-Abkommens an die American Ship and Commerce Corporation. 0,2 unter Gewinnbeteiligung der Gesellschaft begeben.
24. 11. 1926	55,— St-A (+ 0,270 V-A)	30,— für Verschmelzung mit Deutsch-Australische Dampfschiffahrts-Gesellschaft und Deutsche Dampfschiffahrts - Gesellschaft Kosmos. Umtausch 1 : 1. 15,— Bezugsrecht an bisherige Stammaktionäre der Gesellschaft und der beiden eben aufgenommenen Gesellschaften im Verhältnis 7 : 1 zu 130%. 10,— Verwertung nach den Bestimmungen der Leitung der Gesellschaft.
28. 3. 1927	30,—	26,— Bezugsrecht an bisherige Stammaktion. der Gesellschaft im Verhältnis 5 : 1 zu 115%. Dividende ab 1. 7. 1927. 4,— zur Verfügung der Verwaltung.

Norddeutscher Lloyd.

17. 12. 1924	32,— St-A (+ 1,— V-A) Ermächtigung zur Erhöhung 8,— St-A begeben.	Bezugsrecht an alte Stammaktionäre im Verhältnis 4 : 1 zu 105%. Dividende ab 1. 1. 1925.
21. 12. 1925	12,— St-A (+ 0,375 V-A)	10,287 zur Durchführung der Verschmelzungsverträge mit Roland-Linie A.-G., Bremen, Hamburg-Bremer Africa-Linie A.-G., Bremen und Dampfschiffs-Reederei „Horn“ in Lübeck. 1,713 in der Hand eines Konsortiums zur Verfügung der Gesellschaft.
2. 8. 1926	11,— St-A (+ 0,343 V-A)	10,— zu 100% bei Einzahlung von zunächst 25% an die Bremer Reederei-Vereinigung A.-G., Bremen mit Verpflichtung, sie im Interesse der Gesellschaft nur nach Verständigung weiter zu veräußern. Dividende ab 1. 1. 1927.

Beschluß der Generalversammlung vom	Betrag in Millionen RM. (St-A = Stammaktien V-A = Vorzugsaktien)	Verwendung
		1,— zusammen mit auf Grund des Beschlusses vom 17. 12. 1924 ausgegebenen 12,— mithin also 13,— Bezugsrecht an alte Stammaktionäre im Verhältnis 4 : 1 zu 110%. Dividende für 1926.
2. 12. 1926	50,—	12,5 an Bremer Reederei-Vereinigung, Verpflichtung wie oben. 37,5 Bezugsrecht an alte Stammaktionäre im Verhältnis 2 : 1 zu 122%. Dividende für 1927.
14. 11. 1928	35,— St-A (+ 1,09 V-A)	Zu 130% zum Verkauf nach Amerika und zur Einführung an der New-Yorker Börse. Dividende für 1928.

Den börsenmäßigen Wert der auf diese Weise den Aktionären der Gesellschaften eingeräumten Bezugsrechte auf junge Aktien aus den Kapitalserhöhungen zeigt folgende Tabelle:

Gesellschaft	Beschluß der Generalversammlung vom	Letzte Bezugsrechts-Notiz [1]	
		im	in %
I. G. Farbenindustrie	1. 9. 26.	Okt. 1926	31,75
	(14. 1. 28.	März 1928	10, 25)*
Hamburg-Amerika-Linie . .	2. 8. 26.	Aug. 1926	5,625
	24. 11. 26.	Dez. 1926	2,9
	28. 3. 27.	April 1927	6,025
Norddeutscher Lloyd	17. 12. 24.	Dez. 1925	0 (—B.)
	2. 8. 26.	Sept. 1926	8,875
	2. 12. 26.	Jan. 1927	11,125

* Aus der Ausgabe von Teilschuldverschreibungen, die im Verhältnis 4 : 1 den Aktionären zum Bezug angeboten sind und später in Aktien umgewandelt werden können.

Einflüsse, die ihre Ursache in den inneren Verhältnissen der behandelten Unternehmungen haben, wirken noch von einer weiteren Seite auf die Preisbildung ein. Sie sind ebenfalls einer allgemeinen Erfassung nur schwer zugänglich, und würden bei einer Erwähnung von Fall zu Fall die Darstellung zu sehr belasten.

[1] Nach Neumann's Kurs-Tabellen.

Gesellschaft[1]		Geschäftsjahr (GJ), Zwischengeschäftsjahr (ZwGJ), Termin der Reichsmark-Eröffnungs-bilanz (EB).	Veröffentlichung in der Berliner Finanzpresse (Monat)	Datum der beschl. Generalversammlung	Dividende in %
Gelsenkirchener Bergwerks-A.-G.	EB	1. 10. 23	2. 1925	25. 2. 25	—
	GJ	1. 10. 23—30. 9. 24	2. 1925	25. 2. 25	0
	GJ	1. 10. 24—30. 9. 25	3. 1926	27. 3. 26	0
	GJ	1. 10. 25—30. 9. 26	2. 1927	6. 4. 27	0
	ZwGJ	1. 10. 26—31. 3. 27	6. 1927	7. 7. 27	4 (8 p.r.t.)
	GJ	1. 4. 27—31. 3. 28	6. 1928	2. 8. 28	8
	GJ	1. 4. 28—31. 3. 29	6. 1929	5. 7. 29	8
Rheinische Stahlwerke	GJ	1. 7. 23—30. 6. 24	2. 1925	4. 3. 25	0
	EB	1. 7. 24	2. 1925	4. 3. 25	—
	GJ	1. 7. 24—30. 6. 25	1. 1926	20. 1. 26	0
	GJ	1. 7. 25—30. 6. 26	2. 1927	22. 2. 27	0
	ZwGJ	1. 7. 26—31. 3. 27	6. 1927	23. 6. 27	4½ (6 p.r.t.)
	GJ	1. 4. 27—31. 3. 28	6. 1928	12. 7. 28	6
	GJ	1. 4. 28—31. 3. 29	6. 1929	6. 7. 29	6
Vereinigte Stahlwerke	GJ	14. 1. 26—30. 9. 26	3. 1927	30. 3. 27	3 (6 p.r.t.)
	GJ	1. 10. 26—30. 9. 27	3. 1928	28. 3. 28	6
	GJ	1. 10. 27—30. 9. 28	1. 1929	27. 2. 29	6
Badische Anilin . . .	GJ	1923	9. 1924	30. 9. 24	0
	EB	1. 1. 24	12. 1924	19. 12. 24	—
bzw. I. G. Farben-	GJ	1924	5. 1925	5. 6. 25	8
industrie	GJ	1925	5. 1926	10. 6. 26	10
	GJ	1926	4. 1927	2. 6. 27	10
	GJ	1927	4. 1928	24. 5. 28	12
	GJ	1928	5. 1929	22. 6. 29	12
Hamburg-Amerika-Linie	GJ	1923	6. 1924	28. 6. 24	0
	EB	1. 1. 24	11. 1924	22. 11. 24	—
	GJ	1924	3. 1925	28. 3. 25	0
	GJ	1925	4. 1926	30. 4. 26	0
	GJ	1926	3. 1927	28. 3. 27	6
	GJ	1927	3. 1928	2. 4. 28	8
	GJ	1928	3. 1929	23. 3. 29	7
Norddeutscher Lloyd .	GJ	1923	6. 1924	10. 7. 24	0
	EB	1. 1. 24	11. 1924	17. 12. 24	—
	GJ	1924	4. 1925	29. 4. 25	0
	GJ	1925	3. 1926	12. 4. 26	0
	GJ	1926	3. 1927	28. 3. 27	6
	GJ	1927	3. 1928	26. 3. 28	8
	GJ	1928	2. 1929	20. 3. 29	8

[1] Nach den Geschäftsberichten und Presse-Notizen Börsenarchiv a. a. O.

Es handelt sich um die Bekanntgabe der Verwaltungsmitteilungen, also u. a. der Berichte über die Aufsichtsrats-Bilanzsitzungen und der Geschäftsberichte selbst mit ihren Auslassungen über die wirtschaftliche Lage des Unternehmens, und deren Veröffentlichung in der Berliner Finanzpresse. Hinzugefügt ist der Tag der beschließenden Generalversammlung der Aktionäre der Gesellschaft — er gibt einen Anhalt für das Eintreten des Dividendenabschlags, der im Kurs unmittelbar darauf ersichtlich wird — und die Höhe der Dividende selbst, die für den Aktionär die Verzinsung seines in Aktien angelegten Kapitals angibt.

II. Die Kursbewegung[1] 1924 bis März 1929

1. der Montanwerte Gelsenkirchener Bergwerk, Rheinische Stahlwerke und Vereinigte Stahlwerke.

Wir kommen jetzt zu der Kursbewegung im einzelnen.

Im Jahre 1924 lastet gerade auf den Kursen der Aktien der westdeutschen Bergwerks- und Hüttengesellschaften bis zu der Londoner Konferenz schwer der Druck, den die ungeklärten Reparationsverhältnisse ausüben; es sei nur an die Auswirkungen der Micum-Verträge (Mission Interalliée de Contrôle des Usines et Mines), die für die Industrie sehr verlustreich sind, und die Untätigkeit der Regiebahnen erinnert. Besonders bei den größten Gesellschaften, deren Erzeugung und Absatz auf den Weltmarkt eingestellt ist, sind die Ertragsaussichten recht ungünstig. Die Drohungen Poincarés verschlechtern wieder die Aussichten für eine Räumung des Ruhrgebiets, die durch das Sachverständigen-Gutachten schon etwas näher gerückt ist, und die Baisse des französischen Franken läßt die Möglichkeit eines industriellen Valuta-Dumpings befürchten. Unter diesen Eindrücken und unter dem Eindruck des Todes Hugo Stinnes', des geistigen Urhebers der Rhein-Elbe-Union, erreicht der Kurs von Gelsenkirchen im April 1924 seinen tiefsten Stand (33,5%). Die Aktie kann aber schon in den nächsten Monaten Erhöhungen verzeichnen, obwohl die allgemeine Kursentwicklung noch bis zur Jahresmitte nach unten gerichtet ist. Man kann jedenfalls hierin einen Beweis für einen guten Markt des Papiers und für eine Geschäftslage der Gesellschaft sehen, die besser als bei dem Durchschnitt der gleichartigen Unternehmungen gewertet wird. Das Aufholen im Kurse wird Mitte des Jahres beschleunigt, als starke Käufe vorgenommen werden, da das Umstellungsverhältnis bei der Rhein-Elbe-Union erträglich oder sogar günstig sich gestalten soll. Es verlautet, daß möglicherweise keine Verringerung des Aktienkapitals erfolgen solle, wenn für die Micum-Lieferungen vom Reich Entschädigungen geleistet würden.

[1] Dieser Darstellung liegen in besonderem Maße der Handelsteil, speziell die fortlaufenden täglichen Börsenberichte der „Frankfurter Zeitung" zugrunde.

Die folgende Kursentwicklung von Gelsenkirchen (die von Rheinstahl läuft vorerst im großen und ganzen gleich) ist ein Beispiel für eine beträchtliche Lösung des Kurses der Aktien von Erwägungen, die in den inneren Verhältnissen der Gesellschaften begründet sein könnten. Stellt

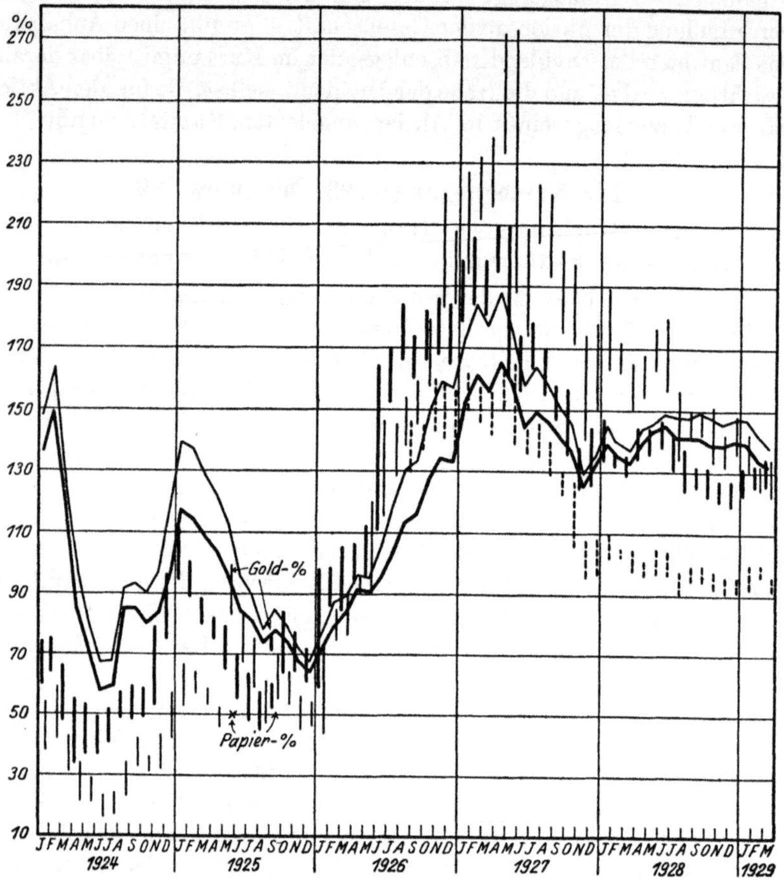

Abb. 1. Montanwerte.
Gelsenkirchener Bergwerk, Rheinische Stahlwerke und Vereinigte Stahlwerke.
Gelsenkirchener Bergwerk ——— Rheinische Stahlwerke —— Vereinigte Stahlwerke -------
Aktienkursniveau des Statistischen Reichsamts:
Gesamt: ——— Gruppe Bergbau und Schwerindustrie: ——

man die höchsten und niedrigsten Punkte einer Entwicklung von knapp 1½ Jahren zusammen, so ergibt sich folgendes Bild:

Niedrigster Kurs im April 1924	Höchster Kurs im Januar 1925	Niedrigster Kurs im August 1925
33,5%	109,7%	44,75%

Die Veranlassung zu der starken Aufwärtsbewegung der Kurse im Jahre 1924 sind zunächst die Angaben über die beginnende Ausschüttung der Micum-Entschädigungen in Höhe von 500 bis 600 Millionen RM[1]. Zwei Gedankengänge stehen hierbei im Vordergrund, erstens werde die finanzielle Lage der Empfängergesellschaften gebessert, zumal wenn sie — wie fast durchweg — die Ansprüche an das Reich in den Bilanzen nur niedrig bewertet haben, und zweitens würden sie durch die zufließenden Mittel in die Lage versetzt, weiter auf dem Weg der Zusammenschlüsse vorzuschreiten. Das besondere Börseninteresse gipfelt am Markt der Schwerindustrie; der Kurs von Gelsenkirchen wird im Januar noch in Papierprozenten höher als pari. Als aber darauf hingewiesen wird, daß die voraussichtlichen Dividenden bzw. die Dividendenlosigkeit die erzielten Höchstkurse vielfach nicht rechtfertigen würden, setzt der Rückschlag am Montanmarkt um so heftiger ein. Im August liegt der Kurs von Gelsenkirchen nur mehr um 50%.

Diese ungeheuren Schwankungen der Aktienkurse sind eingetreten, ohne daß Dividendenveränderungen der Anlaß dazu hätten sein können[2] und ohne eine wesentliche Herabsetzung der Bankrate der Reichsbank, die die Bewertungsgrundsätze hätte ändern können. Man könnte auch die Lage der Werke im Ausklang des wirtschaftlichen Aufschwungs kaum als schlechter bezeichnen als zur Zeit, da das Ruhrgebiet besetzt war, die Reparationsfrage ungeklärt war und dies besonders auf den westdeutschen Bergwerksgesellschaften schwer lastete. Es scheint also tatsächlich nicht zu viel gesagt, daß diese Kursschwankungen, so sehr sie zunächst durch eine gewisse Vergrößerung der Gesellschaftsvermögen bedingt gewesen sind, mit Veränderungen des inneren Wertes auf der Rentabilitätsseite nicht im Einklang stehen.

Wenn sodann die Kurse von Gelsenkirchen und Rheinstahl im Verlauf des ersten Halbjahrs 1926 um je ca. 100% (in Gold) gesteigert werden, so geht die Kurserhöhung rascher vor sich als die des Durchschnitts der an der Berliner Börse gehandelten Aktien. Haben die Kurse vordem fast regelmäßig unter diesem Durchschnitt gelegen, so ist jetzt das Gegenteil zu verzeichnen: sie überschreiten ihn beträchtlich und behalten auch auf lange Zeit ihren Vorsprung. — Es ist kaum daran zu zweifeln, daß diese Tatsache eine Rückwirkung der Zulassung der Papiere zum Börsenterminhandel ist. Die gesteigerte Umsetzbarkeit kommt den Kursen zugute. Erst später, als die gesamte Börsenentwicklung den führenden Werten gefolgt ist, findet die Angleichung statt, wie es schon oben im 1. Teil[3] dargelegt worden ist.

In der beschleunigten Aufwärtsbewegung der Kurse spiegeln sich außerdem Hoffnungen, die mit dem Zustandekommen der Dach-

---

[1] FZ. 8. 1. 1925. [2] Vgl. oben S. 70. [3] S. S. 34.

gesellschaft der Rhein-Elbe-Union, der Rheinischen Stahlwerke, der Phoenix- und der Thyssen-Gruppe, nämlich der Vereinigten Stahlwerke A.-G., entstehen. Beide hier in Frage kommenden Gesellschaften behalten nur eine geringe eigene Produktionsgrundlage und werden in der Hauptsache Beteiligungsgesellschaften, die Großaktionäre der Vereinigten Stahlwerke sind. Ihre börsenmäßige Bewertung ist also seit 1926 im wesentlichen an die Bewertung des Beteiligungskontos gebunden, die wieder ihrerseits an die Ertragsfähigkeit der Vereinigten Stahlwerke geknüpft ist. Den Gründern der neuen Unternehmung schwebt durch die Rationalisierung als Folge einer organischen Zusammenfassung der Betriebe der einzelnen Gesellschaften eine Sicherung und Steigerung der Ertragsfähigkeit vor, die die Börse sogleich in recht beträchtlichem Ausmaß vorweg nimmt. Diese Kurssteigerungen werden durch die allgemein günstigere Beurteilung der wirtschaftlichen Lage unterstützt, zumal wenn man ferner die erwarteten Sondergewinne des englischen Streiks berücksichtigt. Nicht nur die Erzeugungs- und Absatzverhältnisse des deutschen Kohlenbergbaus und der Schwerindustrie bessern sich dadurch erheblich, sondern auch die Verringerung der zinsenfressenden Haldenbestände macht große gebundene Mittel frei. Solange der Kurs der Aktien nicht höher als etwa 150% geworden ist, möchte es beinahe erscheinen, als ob trotz der rasch vor sich gehenden Hausse noch kein Mißverhältnis zwischen Kurs und innerem Wert, d. h. der möglichen Rentabilität entstanden ist.

Die hohe Kapitalbemessung und Anleiheaufnahme der Vereinigten Stahlwerke beeinträchtigt zwar die Kursaussichten dieses Papiers[1], aber noch vor der Börseneinführung wird im Freiverkehr ein Agio von 40—48% erzielt. Die Einführung gestaltet sich zu einem Ereignis, wie es selten an der Berliner Börse geschieht. In weiten Kreisen wird von vornherein mit einer großen Überzeichnung und einer scharfen Beschränkung der Zuteilung gerechnet, so daß die tatsächlich verlangten Beträge bei den Anmeldungen offensichtlich vervielfacht werden[2]. Viele „Konzernzeichnungen" liegen vor; man hörte, daß bei einer einzigen Großbank die Aufträge fünf Oktavhefte füllten[3]. Die Emissionsbanken hatten nur 30—40 Millionen RM. Aktien zur Verfügung; infolgedessen wurde bei rund 4 Milliarden vorliegenden Aufträgen etwa im Verhältnis 100:1 zugeteilt. Sie fielen bis 10000 RM. ganz aus, bei 10000 bis 50000 RM. wurde 1 Aktie, bei 51000 bis 100000 RM. wurden 2 Aktien und über 101000 RM. wurden 3 Aktien bei einem amtlichen Kurs von 130% abgegeben. Ohne über den inneren Wert Überlegungen anzustellen, stürzt sich die Spekulation auf diese Aktien und treibt sie noch einige Monate in die Höhe.

---

[1] FZ. 14. 8. 1926. [2] BBZ. 21. 8. 1926. [3] FZ. 25. 8. 1926.

Von dieser Bewegung getragen und ihr gleichlaufend, erreichen die Aktien der Gründergesellschaften neue Höchstkurse. Die Steigerung von Gelsenkirchen geht im Verhältnis zu der allgemeinen Aufwärtsbewegung nicht über berechtigte Grenzen hinaus; im Gegenteil setzt im Oktober 1926, als die Verschmelzung der Gesellschaften der Rhein-Elbe-Union im Verhältnis 1:1 bekannt wird, sogar eine Sonderausgleichsbewegung ein, bis die Kursunterschiede — Gelsenkirchen hat bisher den höchsten Stand gehabt — verschwinden. Die Kursbewegung der Rheinstahlaktien ist um so auffallender. Sie überholen im November 1926 den Kurs von Gelsenkirchen und lassen ihn von da an hinter sich, obwohl ihre Dividende geringer ist, also wiederum eine Bewegung, die sich von der inneren durch die Dividende gezogenen Wertlinie loslöst. Hier zeigt sich der Einfluß von Kombinationsgerüchten, auch wenn sie wiederholt dementiert werden. Zwischen den Rheinischen Stahlwerken und der I. G. Farbenindustrie besteht nämlich eine gegenseitige Beteiligung; der Anilin-Konzern hat verschiedentlich Aktienpakete von Rheinstahl erworben[1], und die I. G. Farbenindustrie ist im Laufe der Jahre bis Ende 1928 in den Besitz von 56 Millionen Rheinstahl-Aktien von einem Gesamtkapital von 150 Millionen RM. gelangt[2]. So liefen oft Gerüchte über Verschmelzungsverhandlungen an der Börse um[3]. Die Rheinstahlaktie ist der Hausse der Farbenaktie gefolgt, wobei die gleiche besonders starke Triebkraft der beiden Bewegungen auffällt. Man möchte meinen, daß der Boden der wirtschaftlichen Tatsachen in der überhasteten Kurssteigerung verlassen ist. Der Kurs von Rheinstahl geht auch im Mai 1927, dem Monat des „schwarzen Freitags"[4], um 85% zurück, während die Spanne bei Gelsenkirchen nur 50% beträgt. Rheinstahl behält aber bis zum Ende 1928 den Kursvorsprung bei, weil der Wert wegen der Kombinationsmöglichkeit immer noch höher geschätzt wird. Erst als es damit stiller wird, gleichen sich die Kurse einander an; es darf aber nicht vergessen werden, daß die Dividende von Gelsenkirchen um ein Drittel höher ist als diejenige von Rheinstahl.

Beide Aktien werden durch die gedrückte Lage der Aktien der Vereinigten Stahlwerke mitgezogen, die trotz Stützungen von Bankseite im August 1927 unter den Einführungskurs vor einem Jahre und am 18. November 1927 sogar unter pari sinken. Vorher ungefähr in der Höhe des durchschnittlichen Aktienkursniveaus, wenn auch unter dem der Gruppe: Bergbau und Schwerindustrie, wird jetzt der Unterschied der beiden Linien immer größer. Die hohe Kapitalisierung der Vereinigten Stahlwerke wird nämlich viel besprochen[5], und es läßt sich nicht

[1] Z. B. BBZ. 20. 9. 1924, FZ. 3. 2. 1926.

[2] Geschäftsbericht I. G. Farbenindustrie 1928.

[3] Z. B. BT. 21. 9. 1926; FZ. 3. 5. 1927.

[4] Vgl. oben S. 16.

[5] Magazin der Wirtschaft 19. 8. 1926; FZ. 6. 8. 1927, 5. 11. 1927, — Schwarz, Goldschmidt: a. a. O.; S. 46.

leugnen, daß sie zu Bedenken Anlaß gibt. Der Buchwert der Anlagen in der Bilanz der Vereinigten Stahlwerke ist höher als die Summe der in den alten Einzelbilanzen der Gründerfirmen ausgewiesenen Beträge; er wird zwar damit verteidigt, daß durch den Zusammenschluß zur höheren Organisationsform die Ertragsmöglichkeit erhöht ist und die Anlagen wertvoller geworden sind. Dagegen wird aber eingewandt, daß der Sinn der Zusammenfassung gerade darin besteht, daß ein Teil der Anlagen stillgelegt wird, die somit nicht mehr als Vermögensposten bewertet werden dürfen. Von den rund 1,5 Milliarden RM., die in dem Unternehmen angelegt sind, geht etwa die Hälfte mit ihrem Verzinsungsanspruch den Aktien vor, und die Frage wird erörtert, ob eine Rentabilität der Aktien bei einer solchen Finanzierung auch bei rückgängiger Konjunktur gewährleistet ist. Die Spekulation betrachtet den inneren Wert der Aktie daher nicht ohne Bedenken; man kann ihr nur das Zeugnis ausstellen, daß sie die Ausschreitungen der Kleinkulisse und des spekulierenden Publikums bei der Börseneinführung mit Recht korrigiert hat. Die Kursbildung dieser Aktie berücksichtigt nunmehr in stärkerem Grade die Ertragsmöglichkeiten des Aktienkapitals und ist durch einen Kursrückgang, der weit über das Maß des allgemeinen durchschnittlichen Standes und auch desjenigen der Montanwerte hinausgegangen ist, auf festen Boden zurückgeführt. Das Geschäft wird kleiner und leidet vom 2. Halbjahr 1928 an sehr unter der Interesselosigkeit des großen Publikums, das gerade hier früher eine sehr große Rolle gespielt hat. Der Kurs bleibt weiter unter dem Nennwert; nur die Stützungstätigkeit der Großbanken vermag ihn zu halten. Die Rendite liegt infolgedessen etwas über dem allgemeinen Durchschnitt, doch die dauernden Zweifel über die Möglichkeit, ob die Dividendenzahlungen aufrecht erhalten werden, können die „zweite Hand" nicht zu Anlagekäufen reizen.

Als es Mitte 1928 von Gelsenkirchen bekannt wird, daß die Verwaltung die Bewertung ihres Besitzes an Aktien der Vereinigten Stahlwerke dem Börsenkurs angepaßt hat, läßt sich ein Verlust von rund 6 Millionen RM. daraus errechnen. Die Höhe der eigenen Dividende ist zwar beibehalten worden, aber die Verringerung des Reingewinns führt notwendig zu einer Minderbewertung. Der Kurs sinkt unter den durchschnittlichen Aktienstand an der Berliner Börse. Auch bei Rheinstahl wird in der jüngsten Zeit der Vorsprung geringer, nachdem sich das finanzielle Erträgnis verschlechtert hat.

Man kann wohl zusammenfassend feststellen, daß die Zeit des wirtschaftlichen Niederganges die Übertreibungen der Kursbildung, die ein Aufschwung von jeher mit sich bringt, in gesunder Weise gemindert hat. Die Rendite bei Gelsenkirchen beträgt bei einem Kurs von 130% etwa $6^1/_6$%, so daß die Aktie — an heutigen Verhältnissen gemessen und in

Anbetracht der oben[1] geschilderten Gründe, die die augenblickliche allgemeine Herabminderung der Aktienrendite erklären — eine immerhin annehmbare, überdurchschnittliche Verzinsung abwirft. Bei Rheinstahl ist die Wertberechnung nach der Ertragsfähigkeit in ihrem Ergebnis ungünstiger: trotz der Halbierung des Aktienkurses liegt die Rendite erst etwas unter 5% und somit noch unter dem allgemeinen Durchschnitt am Aktienmarkt und beträchtlich unter den Verzinsungsmöglichkeiten am Rentenmarkt. Eine Steigerung der Rendite von 2,2% bis auf diese Höhe ist aber jedenfalls wesentlich zu nennen.

2. der Badischen Anilin-Fabrik bzw. der I. G. Farbenindustrie.

Die inzwischen eingetretene Entwicklung hat, wie oben dargelegt[2], dazu geführt, daß von den Industrieaktien, die nicht zu Bergbau und Schwerindustrie gehören, die Aktie der I. G. Farbenindustrie A.-G. als Beispiel der Kursbildung herangezogen wird. Sie kommt aber nur für die zweite Hälfte der Zeit nach der Stabilisierung in Betracht, da in den ersten beiden Jahren die einzelnen Gesellschaften der Interessengemeinschaft der deutschen Teerfarbenfabriken der Form nach noch selbständig gewesen sind.

Obwohl die Bindung der Firmen substanz- und ertragsmäßig in dem Interessengemeinschaftsvertrag derart war, daß eine Verschiedenheit des inneren Wertes der Papiere fast vermieden war und die Kursbewegung somit auch nur selten größere Unterschiede aufwies, handelte es sich eben um eine Mehrzahl von einzelnen Unternehmungen, die in der Kursbildung nicht wie eine einzige Aktie hervortraten. Dies änderte sich, als im Frühjahr 1925 der Gedanke einer vollen Verschmelzung näher erwogen wurde. Durch eine straffere Form der bisherigen Organisation, eine „regionale dezentralisierte Zentralisation[3]", hoffte man, wenn die Fusionssteuer nicht zu viel bares Geld verzehrte, erhebliche Ersparnisse zu erzielen[4]. Die Aussichten der Verschmelzung gaben dem Markt Anregung, der damals allmählich begann, sich besonders bei solchen Vorgängen zu beteiligen. Im Oktober—November 1925 kam dann in der Tat die Verschmelzung zustande und damit ein Unternehmen mit zunächst mehr als 600 Millionen RM. Aktienkapital. In dem dann folgenden Kursrückgang im Dezember 1925 ist nicht irgendwie eine ungünstige Prognose für die neue I. G. Farbenindustrie A.-G. zu sehen, vielmehr

---

[1] S. 43 ff. [2] S. 63.

[3] Geheimrat Duisberg in der Generalversammlung Bayer & Co., Leverkusen; Magazin der Wirtschaft 1925, S. 1371. [4] FZ. 18/22. 3. 1925.

liegt dabei rein börsentechnisch ein Vorgang vor, daß Chemieaktien verkauft werden, um Mittel für die Teilnahme an der Hausse am Markte

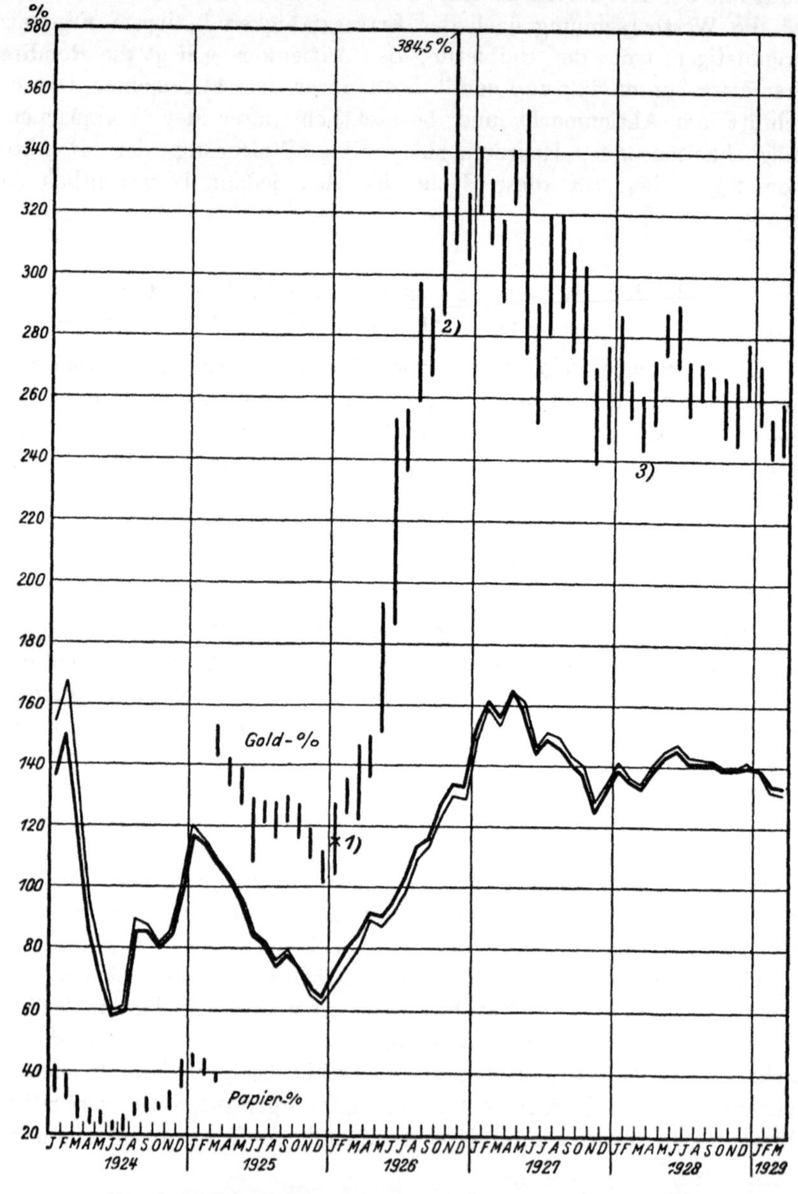

Abb. 2. Badische Anilin und Soda-Fabrik bzw. I. G. Farbenindustrie.
Aktienkursniveau des Statistischen Reichsamts: Gesamt: —— Gruppe Verarbeitende Industrie: ——
1) Höchstkurs Bad. Anilin, sodann I. G. Farbenindustrie.
2) ausschl. Bezugsrecht ca. 31,75%
3) „ „ „ 10,25%

der Freigabewerte freizumachen[1]. Danach setzt für das ganze folgende Jahr 1926 eine phantastische Hausse der Farbenaktien ein, die durch die inzwischen erfolgte Zulassung zum Zeitgeschäft einen wirklich weiten Markt an der Berliner Börse gefunden haben. Die Aufwärtsbewegung ist nur selten von Rückschlägen unterbrochen. Sie verdreieinhalbfacht ungefähr den Kurs seit der ersten einheitlichen Notiz am 15. 1. 1926 und führt ihn im November 1926 bis nahe an das Vierfache des Nennwerts heran. Ständige Gerüchte und auch tatsächliche Meldungen über irgendwelche Ausdehnungsabsichten im Farbenkonzern, Aufnahme von neuen Zweigen in der Erzeugung und Verhandlungen mit maßgebenden ausländischen Konzernen reizen die Spielleidenschaft; die spekulativen Massenkäufe bringen den Markt in eine nie geahnte Bewegung. Die großartige Entwicklung der I. G. Farbenaktie steht im Vordergrund des ganzen Börsengeschäfts, wirkt auch auf andere Gebiete des Aktienmarkts ansteckend und bringt außerordentliche Kurssteigerungen. Die Farbenaktie überragt immer mehr den gesamten Aktienkursdurchschnitt, auch im Verhältnis wird der Unterschied immer größer. Es ist offensichtlich, daß hier die Spekulation den gesunden Boden verlassen hat, und daß die anspruchsvollen Kurssteigerungen nicht nachträglich durch entsprechende Dividendensteigerungen gerechtfertigt werden können. Erst die Ausschüttung einer Dividende von rund 30% würde eine einigermaßen ausreichende Rentabilität des bei diesen Kursen angelegten Kapitals bedeuten, kann aber schlechterdings als ausgeschlossen gelten, wie auch die Verwaltung nur ganz allmählich den Dividendensatz erhöht. Ein einmaliges, wenn auch wertvolles Bezugsrecht[2] im Jahre 1926 kann ebensowenig einen Ausgleich bei Neuanlagen in Farbenaktien bieten und das hohe Agio erklärlich machen. Hier liegt vielmehr ein bezeichnendes Beispiel dafür vor, daß trotz einer — schlechthin — recht ansehnlichen Dividende eine Ertragswertberechnung bei der Kursbildung außer acht gelassen ist und allein der „Transaktionswert“ maßgebliche Bedeutung hat. Diese übertriebenen Höchstkurse können nicht gehalten werden; die Einbußen durch den „schwarzen Freitag“ (13. Mai 1927) und die folgende Entwicklung erscheinen als eine gesunde Rückbildung, durch die das Kursgebäude eine bessere Grundlage findet. Die Rendite, die von der Farbenaktie abgeworfen wird, liegt bei einem Kurs von etwa 260%, um den sie seit Ende 1927 pendelt, zunächst sogar etwas über dem Durchschnitt der Rendite aller an der Berliner Börse gehandelten Aktien. Mit deren Steigerung — die Gründe sind oben[3] dargelegt — geht dieser Vorsprung 1928 verloren, wobei aber nicht übersehen werden darf, daß die Börse lange Zeit mit einer 2%igen Dividendenerhöhung

---

[1] FZ. 12. 12. 1925; vgl. im übrigen unten Nr. 3, S. 80.

[2] Vgl. S. 67 und S. 69. [3] S. 41/42.

für 1928 gerechnet hat. Ein Vergleich mit dem Erträgnis aus festverzinslichen Anlagen fällt natürlich noch immer zuungunsten der Aktienanlage aus, wenn eben nur dieser Punkt in Betracht gezogen wird.

3. der Schiffahrtswerte Hamburg-Amerika-Linie und Norddeutscher Lloyd.

Bereits oben[1] ist darauf hingewiesen worden, daß die Kursbewegung der Schiffahrtswerte beträchtlich von der allgemeinen Bewegung abweicht, und daß hier bei den Erwägungen über den inneren Wert der Aktie unter Ausschluß der Ertragsseite die Vermögensseite im Vordergrund steht. Die erheblichen Beträge der stillen Reserven gelangen in der Kursbildung zum Ausdruck, nämlich die Entschädigungen durch die Vereinigten Staaten von Amerika für das im Kriege beschlagnahmte private Eigentum. Selbst wenn für die Schiffe der Gesellschaften bloß die einseitig bei Kriegsausbruch von den amerikanischen Marine-Sachverständigen erfolgte Schätzung zugrunde gelegt wird, kann man mit außerordentlich großen Geldsummen rechnen, die den Reedereien zufließen werden und deren Eingang für ihre weitere Entwicklung von ausschlaggebender Bedeutung sein wird. Es handelt sich mindestens sowohl bei der Hapag als auch beim Lloyd um je 64,3% des gesamten Aktienkapitals von Ende 1927[2].

So ist die Kurve der Börsenpreise dieser beiden Aktien fast durchweg eine getreue Wiedergabe der Hoffnungen und Enttäuschungen in der Freigabeangelegenheit, je nachdem die New Yorker Meldungen lauten. Aber auch bei allen Enttäuschungen und Befürchtungen wurde niemals vergessen, daß sowohl die Regierung der Vereinigten Staaten als auch das Parlament und seine Parteien grundsätzlich den Entschädigungsanspruch anerkannt und sich dadurch in einer Weise festgelegt hatten, die einen endgültigen gegenteiligen Beschluß der öffentlichen Meinung gegenüber sehr erschwert haben dürfte[3]. Damit scheint es auch zu erklären zu sein, daß das ausländische, vor allem amerikanische Interesse an den Entschädigungswerten, seitdem das Verbot der Ausfuhr von Schiffahrtsaktien im Jahre 1924 aufgehoben ist, sich besonders bemerkbar macht.

Auffällig ist die Kursbewegung Ende 1925, die entgegengesetzt zu der allgemeinen Börsenlage am Schiffahrtsaktienmarkt zu einem beträchtlichen Auftrieb führt. Andere Effekten werden verkauft, wobei

---

[1] S. 63/64.

[2] E. L. Friedmann: a. a. O., S. 53. — Nach der Kapitalerhöhung des Lloyd im November 1928 sinkt der Satz auf 50,3%.

[3] E. L. Friedmann: a. a. O., S. 49.

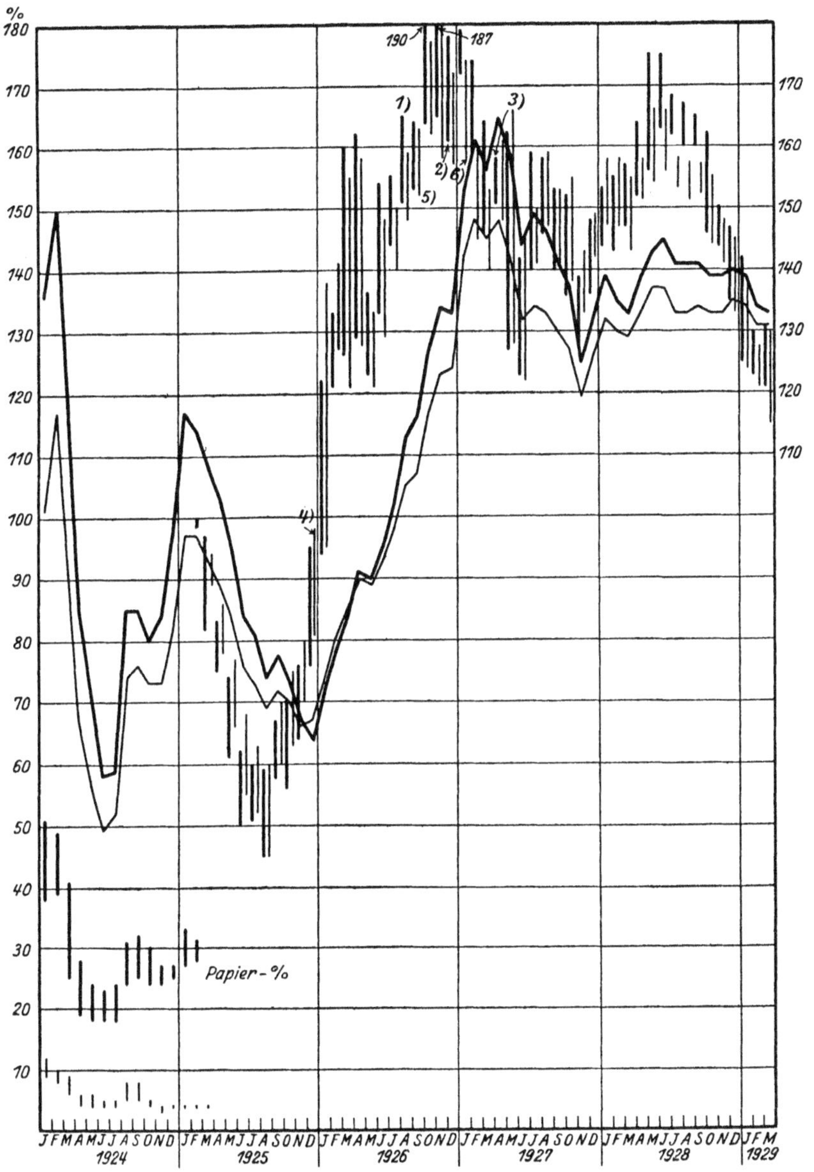

Abb. 3. Schiffahrtswerte.
Hamburg-Amerika-Linie und Norddeutscher Lloyd.
Hamburg-Amerika-Linie —— Norddeutscher Lloyd ——
Aktienkursniveau des Statistischen Reichsamts: Gesamt: —— Gruppe Handel u. Verkehr: ——

1) ausschl. Bezugsrecht ca. $5^5/_8$%
2) „ „ „ 2,9%
3) „ „ „ 6,025%
4) „ „ „ — % (—B)
5) „ „ „ $8^7/_8$%
6) „ „ „ $11^1/_8$%

sie den Kurs drücken[1], um mit dem Erlös Schiffahrtsaktien zu erwerben, wobei die Nachfrage noch nachhaltiger vergrößert wird. Hapag und Lloyd, deren Kurse bislang unter dem durchschnittlichen Aktienkursniveau lagen, überholen es. Es ist bezeichnend, daß dies gerade in dem Augenblick geschieht, da diese beiden Papiere zum Terminhandel zugelassen werden. Sie behalten auch das ganze Jahr 1926 über einen wesentlichen Vorsprung, was wiederum unsere Untersuchungen im systematischen Teil bestätigt[2]. Die Bezugsrechte (zwei bzw. eins), die in dieser Zeit den Aktionären auf Teile neuer Emissionen eingeräumt werden, mögen dabei nicht besonders die Kursbildung beeinflußt haben, da sie nicht hoch bewertet werden konnten[3]. Aber zeitiger als an den andern Märkten bröckeln die Kurse im Frühjahr 1927 trotz neuer, wertvollerer Bezugsrechte[4] ab, als in der nun zu Ende gehenden Session des amerikanischen Kongresses eine endgültige Regelung der Entschädigung nicht erfolgt. Die Stimmung wird erst wieder zuversichtlich, als man hört, daß in der neuen Session zu Jahresende oder zu Beginn des Jahres 1928 ein neuer Antrag auf Rückgabe des beschlagnahmten deutschen Eigentums Aussichten auf Annahme hat. Der Kursstand liegt durchschnittlich um etwa 140%; angesichts der hohen stillen Reserven und des besonderen wirtschaftlichen Aufschwungs, den diese Großreedereien in den letzten Jahren genommen haben, scheint er den Boden der Tatsachen wiedergefunden zu haben und keineswegs mehr übertrieben zu sein. Die 6 bzw. 8% Dividende, die für 1926 und 1927 ausgeschüttet sind, bedeuten auch eine durchaus dem guten Durchschnitt entsprechende Rentabilität, sodaß Kurs und innerer Wert der Aktien unter den gegebenen Verhältnissen wieder mehr übereinstimmen.

Als die endgültige Erledigung der Eigentumsfreigabe im Frühjahr 1928 durch die Annahme des Gesetzes im amerikanischen Senat in die Wege geleitet wird, hat sie an der Börse nicht die von der Spekulation erwartete Wirkung; das Publikum hält die Freigabe der deutschen Guthaben für in den Kursen bereits vorweggenommen. Diese Auffassung hat jedenfalls die Börse vor Übertreibungen bewahrt. Die Wiederaufnahme der Verhandlungen zwischen Hapag und Lloyd, die nach den vorliegenden Meldungen die Bildung einer Arbeitsgemeinschaft bezwecken, führen im Frühjahr 1928 zu einer beträchtlichen Belebung am Schiffahrtsaktienmarkt. Als sie ohne Ergebnis abgebrochen werden, bewegen sich die Kurse nur noch im Rahmen der allgemeinen, ziemlich lustlosen Börsenstimmung. Auch Stützungskäufe können nicht verhindern, daß die Kurse von Hapag und Lloyd einen überdurchschnittlichen Rückgang aufweisen, der die ebenso überdurchschnittliche Aufwärtsbewegung

---

[1] Vgl. oben bei I. G. Farbenindustrie.

[2] Vgl. S. 33/34. [3] und [4] vgl. S. 67/69.

berichtigt. Die Kurse weichen zu Beginn 1929 weiter, bei der Hapag unter dem Eindruck der 1%igen Dividendenherabsetzung, beim Lloyd unter dem Eindruck des Brandunglücks auf der „Europa" und der dadurch geschmälerten Gewinnaussichten. Sie haben den ganzen Vorsprung vor dem Durchschnitt der gehandelten Aktien eingebüßt; Kurs und Erträgnis scheinen, soweit man heute davon sprechen kann, nicht mehr auseinander zu gehen. 5½% bzw. 6½% Rendite sind überdurchschnittlich und nähern sich derjenigen am Markt der festverzinslichen Werte mehr als bei dem größten Teil der Aktien.

Literaturverzeichnis.

Darstellungen.

Fendler, Arnold: Zur Kapitalkonzentration der Berliner Großbanken von 1914—1923. Diss. Berlin 1926.

Flersheim, Fritz: Die Bedeutung der Börse für die Emission von Wertpapieren. Mannheim, Berlin, Leipzig 1914.

Friedmann, E. L., & Co.: Die führenden deutschen Schiffahrtsgesellschaften. Berlin 1927.

Göppert, Heinrich: Über das Börsentermingeschäft in Wertpapieren. Berlin 1914.

Heizmann, Willi: Der Einfluß der Geldentwertung auf die Kurse der deutschen Industrieaktien. Diss. Freiburg 1924.

Hesse, A.: Allgemeine Volkswirtschaftslehre. In: Grundriß zum Studium der politischen Ökonomie, begründet von I. Conrad. 1. Teil, 12. Auflage. Jena 1927.

Jahresbericht der Industrie- und Handelskammer zu Berlin für 1924—1928. Berlin 1925—1928.

Jeidels, Otto: Das Verhältnis der deutschen Großbanken zur Industrie mit besonderer Berücksichtigung der Eisenindustrie. Leipzig 1905.

Keynes, John Maynard: Das Ende des Laissez-Faire. München u. Leipzig 1926.

Lansburgh, Alfred: Zur Systematik der Preisbildung an der Effektenbörse. Stuttgart 1917.

Lexis, Wilhelm: Das Handelswesen, II: Die Effektenbörse und die innere Handelspolitik. 3. Auflage. Berlin, Leipzig 1923.

Lichtenhein, Moritz: Effektenverkehr und Börsenterminhandel. Aus: Verhandlungen des VI. Allgemeinen Deutschen Bankiertages zu Berlin. Berlin, Leipzig 1925. Seite 183 ff.

Mombert, Paul: Einführung in das Studium der Konjunktur. 2. Auflage. Leipzig 1925.

Nußbaum, Arthur: Die Börsengeschäfte. In: Handbuch des gesamten Handelsrechts, herausgegeben von Victor Ehrenberg. 4. Band, II. Abteilung. Leipzig 1918.

Petrażycki, L. v.: Aktienwesen und Spekulation. Berlin 1906.

Philippovich, Eugen v. u. Felix Somary: Grundriß der politischen Ökonomie. 2. Band, 2. Teil. 11. Auflage. Tübingen 1923.

Prion, W.: Die Preisbildung an der Wertpapierbörse insbesondere auf dem Industrieaktienmarkt der Berliner Börse. Leipzig 1910. (2. Aufl. 1929.)

— — Geldmarktlage und Reichsbankpolitik. Leipzig 1927.

— — Aktienkurse und Aktienrente. In: Zeitschrift für Handelswissenschaft und Handelspraxis. 21. Jahrg., Heft 1, Januar 1928, Seite 1 ff.

Rathenau, Walther: Vom Aktienwesen (1917). In: Wirtschaft, Staat und Gesellschaft. Berlin 1925.

Reichs-Kredit-Gesellschaft Aktiengesellschaft: Deutschlands wirtschaftliche Entwicklung im 1. Halbjahr 1925. bis (halbjährlich) .... an der Jahreswende 1927/28. (6 Hefte.) Berlin 1925—1927.

Rosendorff, Richard: Die stillen Reserven der Aktiengesellschaften. 2. Auflage. Berlin 1917.

Schmidt, F.: Zur Preisbildung an der Effektenbörse. In: Zeitschrift für Sozialwissenschaft. Neue Folge. IX. Jahrgang. Leipzig 1918.
Schneider, A.: Führer durch die Börse zu Berlin. Berlin 1926.
Schriften des Vereins für Sozialpolitik: 175. Band. Verhandlungen des Vereins für Sozialpolitik in Zürich 1928. München und Leipzig 1929.
Schulze-Gaevernitz, Gerhart v.: Die deutsche Kreditbank. In: Grundriß der Sozialökonomik. V. Abteilung, II. Teil. Tübingen 1915.
Schwarz, Goldschmidt & Co.: Die I. G. Farben-Industrie A.-G. und ihre Bedeutung. 9. Auflage. Berlin 1927.
— — Die Vereinigte Stahlwerke A.-G. 4. Auflage. Berlin 1926.
Selzowsky, Karl: Die Spekulation im neuzeitlichen Wirtschaftsleben. Diss. Köln 1923.
Sombart, Werner: Der moderne Kapitalismus. 3. Band: Das Wirtschaftsleben im Zeitalter des Hochkapitalismus. 2. Halbband. München und Leipzig 1927.
Überblick über Berlins Handel und Industrie ... im Jahre 1923, herausgegeben von der Handelskammer zu Berlin. Berlin (1924).
Ufermann, Paul: Der deutsche Stahltrust. Berlin 1927.

Handbücher und statistisches Material.

Einzelschriften zur Statistik des Deutschen Reichs. Nr. 1. Konzerne, Interessengemeinschaften und ähnliche Zusammenschlüsse im Deutschen Reich Ende 1926. Berlin 1927.
Handbuch der Deutschen Aktien-Gesellschaften. 31. bis 33. Auflage 1926—1928.
Handwörterbuch der Staatswissenschaften. 3. und 4. Auflage. Jena.
Neumann's Kurs-Tabellen der Berliner Fondsbörse. 32. Jahrgang 1924 bis 36. Jahrgang 1928. Berlin, Leipzig 1925—1929.
Saling's Börsen-Papiere: I. Teil: 20. Auflage, Berlin, Leipzig 1928. II. Teil: 48. Auflage 1924 bis 52. Auflage 1928. IV. Teil: 2. Auflage 1924/25 bis 4. Aufl. 1927/28.
Spezial-Archiv, Das: Vereinigte Stahlwerke Aktiengesellschaft, Düsseldorf — 1927. Berlin 1927.
Statistisches Jahrbuch für das Deutsche Reich. 37. Jahrgang 1916. Berlin 1916. 43. Jahrgang 1923 bis 47. Jahrgang 1928. Berlin 1923—1928.
Wörterbuch der Volkswirtschaft, herausgegeben von Ludwig Elster. 3. Auflage, Jena 1911.

Geschäftsberichte.

a) Banken.

Bank des Berliner Kassenvereins.
Commerz- und Disconto-Bank, später Commerz- und Privat-Bank.
Darmstädter Bank, später Darmstädter und Nationalbank.
Deutsche Bank.
Disconto-Gesellschaft.
Dresdner Bank.
Mitteldeutsche Creditbank.
Reichsbank.

b) Sonstige Handels- und Industrie-Gesellschaften.

Geschäftsberichte der im Text behandelten Gesellschaften seit dem Geschäftsjahr 1923 bzw. 1923/24.
Presse-Notizen über diese Gesellschaften aus den Akten des Archivs des Börsenvorstands zu Berlin seit 1923.

Zeitschriften.

Bank, die	seit Jahrgang 1924.
Bank-Archiv	seit 23. Jahrgang 1923/4.
Bankwissenschaft	seit Jahrgang I. 1924/5.
Deutsche Bank, wirtschaftliche Mitteilungen	seit Jahrgang 1924.
Deutsche Ökonomist, der	seit 42. Jahrgang 1924.
Deutsche Volkswirt, der	seit 1. Jahrgang 1926/7.
Deutsche Wirtschafts-Zeitung	seit 21. Jahrgang 1924.
Direction d. Disconto-Gesellschaft (Wirtschaftsberichte)	seit Jahrgang 1925.
Dresdner Bank, Monatsbericht	seit 1925.
Handel und Gewerbe im ... (Monat) ... im Ministerium für Handel und Gewerbe zusammengestellt	seit Januar 1924.
Jahrbücher für Nationalökonomie und Statistik	seit 122. Band (III. Folge, 67. Band) 1924.
dsgl., Volkswirtschaftliche Chronik	seit 1924—1926.
Magazin der Wirtschaft	seit 1. Jahrgang 1925.
Mitteilungen der Industrie- und Handelskammer zu Berlin	seit 22. Jahrgang 1924.
Plutus	21. Jahrgang 1924 und 22. Jahrgang 1925.
Vierteljahrshefte zur Konjunkturforschung	seit 1. Jahrgang 1926.
Vierteljahrshefte zur Statistik des Deutschen Reichs	seit 33. Jahrgang 1924.
Wirtschaft und Statistik	seit 4. Jahrgang 1924.
Wirtschafts-Bericht der Commerz- und Privat-Bank	seit Jahrgang 1924.
Wirtschaftsdienst	seit 9. Jahrgang 1924.
Wirtschaftskurve, die, mit Indexzahlen der Frankfurter Zeitung	seit Jahrgang 1924.

Tageszeitungen und Kursblatt.

Artikel und Zahlenmaterial aus der Zeit seit der Mark-Stabilisierung (November 1923) aus

Berliner Börsen-Courier	(zitiert BBC)
Berliner Börsen-Zeitung	BBZ
Berliner Tageblatt	BT
Deutsche Allgemeine Zeitung	DAZ
Deutsche Bergwerks-Zeitung	DBZ
Deutscher Reichs- und Preußischer Staatsanzeiger	RAnz
Frankfurter Zeitung	FZ
Industrie- und Handels-Zeitung	I&HZ
Kölnische Zeitung	KZ
Vossische Zeitung	VZ

Amtliches Kursblatt der Berliner Wertpapierbörse.

GPSR Compliance

The European Union's (EU) General Product Safety Regulation (GPSR) is a set of rules that requires consumer products to be safe and our obligations to ensure this.

If you have any concerns about our products, you can contact us on ProductSafety@springernature.com

In case Publisher is established outside the EU, the EU authorized representative is:

Springer Nature Customer Service Center GmbH
Europaplatz 3
69115 Heidelberg, Germany

Batch number: 10844675

Printed by Printforce, the Netherlands